Albert Dexelmann

Wachsendes Licht

Albert Dexelmann

WACHSENDES LICHT

Morgengebete

HERDER

FREIBURG · BASEL · WIEN

MIX
Papier aus verantwor-
tungsvollen Quellen
FSC® C106847

FSC
www.fsc.org

© Verlag Herder GmbH, Freiburg im Breisgau 2014
Alle Rechte vorbehalten
www.herder.de

Bibelzitate: Die Heilige Schrift des Alten und Neuen Bundes
(„Herder-Übersetzung")

Umschlaggestaltung: Stefan Weigand / wunderlichundweigand
Umschlagmotiv: © Boris-B/shutterstock.com

Satz: Barbara Herrmann, Freiburg
Herstellung: fgb · freiburger graphische betriebe
www.fgb.de

Printed in Germany

ISBN 978-3-451-33507-5

Vorwort

Es soll Menschen geben, die täglich, ohne zu stolpern, einen Bilderbuchstart in den Tag hinlegen. Zu denen gehöre ich nicht. Ich brauche viele Starthilfen, die mich dabei unterstützen, die kleinen Katastrophen einzudämmen, die meine Morgenrituale bedrohen. Ein vorbereiteter spiritueller Baustein kann helfen, besser in die Hufe zu kommen. Dafür gebe ich dieses Büchlein weiter. Gebt ihm einen trockenen Platz und lasst euch durch die Impulse zum eigenen Beten inspirieren.

Albert Dexelmann

Zum Autor

Albert Dexelmann, 1971 zum Priester geweiht, ist Pfarrer der Gemeinden Arfurt und Runkel im Bistum Limburg. Er ist Verfasser zahlreicher Bücher im Verlag Herder, darunter vor allem pastoraler Arbeitshilfen; er ist auch E-Bike-Fahrer, Fotograf, Liederpfeifer, Pilzsammler, Narkoleptiker, manchmal Morgenmuffel, Enfant terrible, Kunstinterpret, Lyriker …

dexelmann@pfarramt-runkel.de

Bei Herder zuletzt:
Amen am Rand der Nacht
Abendgebete
Gebunden, Halbleinen mit Leseband, 112 Seiten
ISBN 978-3-32453-6

Inhalt

GEMEINSCHAFTLICHE MORGENGEBETE

PERSÖNLICHE MORGENGEBETE

GESCHENK

O Gott,
dass ich diesen Tag erleben darf,
das ist nicht selbstverständlich.
Jeder Lebenstag ist ein richtig unverdientes
Geschenk deiner Gnade.
Und wenn ich je durch eine lebensbedrohliche Krise
hindurchgefunden habe
– etwa mit medizinischer Hilfe –,
dann ist mir dieser neue Tag doppelt geschenkt.
Die Dankbarkeit von damals
meldet sich heute Morgen wieder frisch.

So nehme ich dieses geschenkte Heute
unfassbar glücklich in die Hände,
schaue mit den Morgenaugen,
die noch von den Traumtränen benetzt sind,
zu dir auf und danke dir.
Für diese Zugabe
zu allem, was du mir bisher schon geschenkt hast.

Ich will sie liebend ausfüllen.

2 KOR 1,11 | *Damit viele in unserem Namen für die uns
zuteilgewordene Gnade Dank sagen.*

LOB

Du mein Gott,
es ist eine feierliche Zeit,
diese Morgenstunde.
Ich brauche es meiner Seele
gar nicht extra zu sagen,
dass sie loben soll.

An manchen Tagen spüre ich,
kaum dass ich aufwache,
dass sie schon benetzt ist an ihrem Grund,
vom Tau des Lobes,
beschienen vom Sonnenaufgang
hinter den Rollläden.
Was für eine Gnade!
Da will ich auch
gar keine Gedanken drauflegen.

Sondern fröhlich in dein Lob tanzen
in einem munteren Lied,

wie barfuß im Morgentau.

EPH 1,12 | *Wir sind zum Lobpreis seiner Herrlichkeit
bestimmt.*

MORGENGEBET IM ZUG

Mein Gott, ich habe es geschafft.
Ich sitze nach einigem Morgenstress im Zug.
Es war wieder mal sehr knapp.
Die mehr oder weniger verschlafenen Gesichter
der Abteilgenossen als stumme Begleiter:
Der Zug fährt an.

Eine Landschaft beginnt, an mir vorbeizuziehen:
Dunkelheiten, Nachtlichter,
Morgendämmerung,
Himmel.
Gott, ich atme auf.
Ein Anfang mit dir soll es sein.
Ein Start in einen gesegneten Tag!

Wenn ich auch noch mal ein bisschen
die Augen schließen werde,
um noch zu dösen,
vergesse ich dich doch nicht:
dein Leuchten und deinen Ruf heute,
eine gute Spur in den Tag, der von dir kommt.
So lass mich die Chancen dieses Tages ergreifen,

in ihm aufblühen mit allen, die mir lieb sind.

JES 57,10 | *Du fandest neue Belebung deiner Kraft; darum verdross es dich nicht.*

SONNENAUFGANG

Endlich habe ich es mir geschenkt,
Herr des Himmels und der Erde,
den Sonnenaufgang zu erleben.*
Wie sich das schwache Morgenrot
faszinierend angereichert hat.
Millionen Lichtpixel haben das Grau herausgedrückt.
Stehende Farbenwolken kündeten erzitternd
die Kommende.

Immer satter die Kontur des gezähnten Horizonts.
Kristallklar der erste Strahl.
Und langsam, aber mit stetiger Kraft
steigt die Sonnenscheibe mit wachsender Wucht.
Jetzt ist alles anders auf der Licht trinkenden Erde,
angerührt in einem mächtigen Klang.
Geheimnis und Majestät, Wärme und Verwandlung.

Dieses Erlebnis verschwört meinen Sinn
in die Realität vor dir.
Dieses Licht hat die Hände meines Herzens
wie magnetisch zu dir hin erhoben.

Und bis zum Abend werde ich sie kaum sinken lassen
können.

JES 58,8 | *Dann bricht wie Morgenröte dein Licht hervor,
und deine Heilung schreitet schnell voran.*

---

* Natürlich nur mit Spezialbrille!

Morgengebet im Advent

Heiliger Gott,
mit dem neuen Tag begrüße ich
dich und deine ewige Liebe.
Sie weckt mich auf.
Manchmal hängt dem Herz
ja noch etwas nach
und bindet es wie mit Bleifüßen an die Nacht.
Manchmal aber schwingt es glockenhell
in diese neue Zeit.
Springt mir voraus mit der Freude
und Neugier eines Kindes,
was es denn für ein Tag wird.

Du aber, Herr,
segne meinen Anfang,
und zieh mit deiner hellen Liebe
meinen Sinn auf deine Spur.
Sei dafür von ganzem Herzen gepriesen
an diesem Morgen.

Deine Verheißung klingt und leuchtet: Advent.
Komm, Herr Jesus.
Leite mich heute in der Ahnung
dieses Geheimnisses

und mehre die Liebe.

Jes 45,8 | *Ihr Wolken, lasst Gerechtigkeit regnen.*

ATMEN

Allmächtiger Gott.
Am Tagesanfang strecke ich mich
nach dem unverzweckten Raum aus.
Mein Herz sucht das Milieu
deiner Liebe und Herrlichkeit.
Diese freie Luft will ich atmen.

Diese Schwingung soll mich tragen.
So, wie es mir alle Natur ansagt,
einflüstert und besingt.
Auf dass ich meines Lebens froh werde

zum Lob deiner göttlichen Gnade.

Eph 1,5f. | *Vorausbestimmt durch Jesus Christus auf ihn hin, zum Lob seiner herrlichen Gnade.*

VÖGEL

Guter Gott,
wie herrlich die Vögel am Morgen
singen und pfeifen, trillern, schnalzen
und piepsen.
Eine ganz eigene Welt dringt
mit diesem Klangraum an mein Ohr.
Von den vielen Welten,
die du geschaffen hast,
dürfen wir diesen Lebensraum
mit den Vögeln teilen.
Sie singen und sagen uns
einen eigenartigen Segen an:
Unbeschwertheit
und herrliches, unverzwecktes Lob.
Was für eine Starthilfe
in einen Tag deiner Gnade.

Danke.
Lass es gelingen

nach dem überfließenden Maß deiner Güte.

KOH 12,4 | *... und man aufwacht beim Gesang eines Vogels.*

TRAUMREST

Jesus,
mit dir beginne ich den Tag.
Vielleicht huscht ja noch ein Segensbild
aus meinen Träumen durch meine Seele.
Du, Jesus, weißt, was zum Segen ist.
Mach es ganz stark.
Lass mich aufatmen
in deiner Liebeshauchung.
In deiner Geisteskraft.

Du bist mit den Anfängern.
So beseele alles, was ich heute anfange.

Wir beide schaffen es.

APG 2,17 | *Eure jungen Männer werden Visionen haben
und eure Greise werden Träume haben.*

ANTRIEB

Jesus,
nur die lebendigen Fische
schwimmen gegen den Strom.
Du weißt, welchen Strömungen ich
Tag für Tag ausgesetzt bin.
Du hast mich aber auch
mit der Vollmacht deiner Liebe
bekannt gemacht.
Ja, mit allen Fasern von Leib und Seele
will ich sie aufnehmen und realisieren.
Darin lebe ich auf.
Darin spüre ich, wozu ich auf Erden bin.

Deine Kraft vollzieht sich
auch in der Schwachheit.

Sei du also mein innerer Antrieb.
Mein Leben,
mein innerer Sinn,
meine Orientierung

heute und alle Tage meines Lebens.

EPH 3,20 | *Ihm aber, der durch seine Kraft, die in uns
wirksam ist, unendlich mehr zu tun vermag.*

KRANKENGEBET
NACH EINER GUTEN NACHT

Vater im Himmel.
Wie gut, dass ich schlafen konnte.
Alleine schon die Schmerzen nicht zu spüren.
Was für ein Geschenk!
Die Entlastung hat mir gutgetan.
Die eigentümliche Welt der Träume
ahne ich noch mit ihren Einprägungen.

So reibe ich mir die Augen: ein neuer Tag.
Ich danke dir von Herzen für diese Nacht.
Den neuen Tag möchte ich mit dir anfangen.
Und dabei entdecke ich auch das Elend meiner Situation:
eben krank zu sein.
Wer weiß, wie ich mich da hineinfinden kann!

Ja, es ist ein langer Weg.
Lass mich in seiner Spur das Heil finden,
das du bereitet hast.
Und die Liebe dieses Tages.
Wenn sie offenkundig strahlt
und wenn sie verschüttet ist.
Und das Lob nicht zu vergessen,
das tut mir gut,

und das ist in deinem Sinn.

NAH 1,7 | *Gütig ist der Herr. Er ist eine Schutzwehr am
Tag der Not. Er kennt alle, die sich bei ihm bergen.*

Nach einer schlimmen Nacht

Mein Gott,
ist sie schon rum,
die schlimme Nacht?
Egal ob Tag oder Nacht,
mein Elend bleibt.
Das hätten wir geschafft,
wähnt meine Seele.
Aber Trost und Erquickung sind ausgeblieben.
Und wer weiß, was dieser Tag noch bringt.

Aber wenigstens mal tief durchatmen
will ich.
Teilnehmen am tiefen Seufzen
der leidenden Kreatur.

Richte mich doch ein wenig auf.
Und lass mich nicht ganz verkommen,

Herr, du mein Gott.

Ps 30,6 | *Kehrt am Abend auch Weinen ein, am Morgen
kommt wieder die Freude.*

KALENDERBLATT

Gott meiner Lebenszeiten.
Der frische, unverbrauchte Tag!
Das neue Kalenderblatt erinnert mich daran.
Wir blättern mal wieder gemeinsam
in diesem Tagebuch meines Lebens.
Ganz leer ist es noch auf dieser neuen Seite.

Was wird eingetragen werden?
Welche Farbe hat das Leben heute?
Wer trägt sich ein?
Welche Handschrift prägt?

Ja, es wird spannend.

Schreibe du mit deiner Handschrift mit.

GEN 1,5 | *Es wurde Abend, und es wurde Morgen: erster Tag.*

Allez, hop!

Du Schöpfer,
der du der große Ursprung bist.
Unseren Anfängen bist du
mit deiner ganzen Schöpferkraft verbunden.
Jesus hat es angestiftet in uns,
das Anfängerstaunen,
das Anfängervergnügen,
das Anfängervertrauen,
das Anfängerzittern.

Ich stehe darauf wie auf einem Sprungbrett.
Und starte in den neuen Tag.

Allez, hop!

Lk 1,78 | *... durch das innige Erbarmen unseres Gottes,
mit dem uns besuchen wird der Aufgang aus der Höhe.*

RHYTHMEN DES HIMMELS
UND DER ERDE

Gott des Universums.
Die Millionen Räume und Welten.
Welch ein Wechsel der Gezeiten
zwischen Milchstraßen und Sonnensystemen,
zwischen Planeten und Kometen,
Satelliten und Monden!
Du aber hast uns zugesagt,
dass dieser irdische Tag uns Heilszeit sein darf.
Kaum zu glauben,
in all diesen gigantischen Dimensionen.

In großer Demut
beginnen wir den Tageslauf auf dieser Erde.

Dein Liebesgeschenk nehmen wir mit in diesen Tag.
Bringe es mit uns ein.

Dein Segen möge erleuchten und entfalten.

Ps 42,9 | *Am Tage verleihe der Herr seine Huld.*

Gekonnt?

Guter Gott,
wir machen das nicht zum ersten Mal gemeinsam:
den Tag anfangen.
Wir haben schon Erfahrung darin.
Wie sie ineinandergreifen:
deine Gnade und unsere Anstrengung.
Auch ein Auseinanderdriften hat es schon gegeben.
Entfremdungen und Wiederannäherung.

Wir erinnern heute Morgen dankbar
diesen Erfahrungsschatz.
Ob er uns helfen wird,
dass es ein guter Tag wird?
Du hast uns beseelt.
Und uns dein Geleit verheißen.

So führe uns zu dem,
was du mit uns vorhast.

Koh 7,14 | *Am guten Tag sei guter Dinge.*

DAS HAAR ORDNEN

Jesus, Bruder.
Frisch gewaschen und gekämmt
starte ich in den Tag.

Und da ist noch mein Herz.
Lass uns alles, was es birgt,
in Liebe wecken und ordnen.
Der Lichtstrahl deiner Zuwendung
bringt es fertig.
Ja, erleuchte die Herzensaugen

für einen aufgeräumten Tag.

2 THESS 3,5 | *Der Herr aber lenke eure Herzen auf die Liebe zu Gott und die Ausdauer gegenüber Christus.*

FAHRT IN DEN TAG

Gott meiner Lebenswege.
Ich mache mich auf den Weg
zu meinem Tagwerk.
Manchmal wird er mir ja lang,
der Weg dorthin.
Aber vielleicht ist das auch eine Chance.
Ich nähere mich allmählich
der Arbeitswelt an.
Die Seele hat Zeit,
sich darauf einzustellen.

So manches Vorausempfinden
habe ich dir schon wortlos anvertraut,
auf diesen Morgenfahrten zur Arbeit.
Du sollst auch heute wissen,
wie ich in diesen Tag hineinschaue.

Dein Geleit tut gut.

JOH 14,6 | *Ich bin der Weg und die Wahrheit und das Leben.*

NACHRICHTEN

Mein Gott, diese Welt
macht sich am frühen Morgen bemerkbar.
Das Leben geht weiter.
Gute und schlechte Überraschungen
werden vermeldet.
Schicksale stecken dahinter.

Damit stellst du mich schon früh
in einen größeren Zusammenhang.
Lass deinen Segen und dein Heil
in alledem walten.
Und steh mir bei,
dass ich meinen Teil finde,
den ich in diesen Tag so einbringen kann,
dass es dir entspricht.
Birg alle, von denen heute Morgen
berichtet wird,

im Kraftfeld deiner Gnade und Liebe.

Koh 3,1 | *Alles hat seine Stunde und für jedes Vorhaben
unter dem Himmel gibt es eine Zeit.*

AUFMERKSAMKEIT

Gott, mein Schöpfer und Erlöser:
Du hast mir Wahrnehmungsorgane geschenkt.
Ich blinzle und lausche in den Tag hinein.
Und die Seele erfährt
Morgengnade der Aufgeschlossenheit.
Ja, wecke diese Aufmerksamkeit
in den Tiefen meiner Seele.
Für deine Schöpfung
und für alle Kreaturen in ihr.

So viele Signale
wollen liebevoll wahrgenommen werden.

So aufgeschlossen
machst du mich fit
für viele heilsame Begegnungen.

Ich freue mich darauf.

JES 50,4 | *Er weckt an jedem Morgen mein Ohr, damit ich
wie ein Jünger höre.*

PARTNER

Gott der Liebe.
Sehr kostbar ist diese Morgenzeit
auch deshalb, weil wir gemeinsam
den Tag beginnen können.
Auch wenn es nur Minuten sind,
tut uns dieses Miteinander doch gut.
Und wenn mal einer nicht gut drauf ist,
dann darf er auf das Verständnis
des anderen zählen.
Ja, manchmal teilen wir sogar
die Tonart der Lebensmelodie
des angefangenen Tages.
Sie beginnt zu klingen
und einer gibt dem anderen Echo.

Diesen Klang dir zur Ehre!

Die kommende Weggemeinschaft
sei erfüllt davon

bis zum Abend und darüber hinaus.

PHIL 4,7 | *Dann wird der Friede Gottes, der alles Begreifen übersteigt, eure Herzen und eure Gedanken in Christus Jesus bewahren.*

FREUDE

Gott des Heiles.
Du hast es versprochen:
in unsere Tage
die Ewigkeitsspur deiner Gnade
glühend einzuprägen.

Freude leuchtet mit auf und springt voraus

in die Gefilde dieses Tages.

JOH 15,11 | *Das habe ich zu euch gesagt, damit meine*
Freude in euch ist und eure Freude vollkommen wird.

MENÜ

Mein Gott.
Meine arme Seele hat sich doch heute Nacht
wieder so ein Lebensmenü zusammengeträumt
mit eingespielten und sonderbaren Icons.

Und, wachgeworden,
will ich immer noch drag and drop spielen
mit meinen Lebensfeldern.
Ja, der „Schirm" meiner Lebenssicht!
Du darfst ruhig mal reinigend darüberfahren.

Damit ich wirklich deinen Tag in den Blick bekomme,
den du mit mir vorhast.
Genau diesen heutigen Tag,
seine ungecheckten Anmutungen und Wunder,
Herausforderungen und Überraschungen.
Und wenn zwischendurch mal eine Atempause da ist,
dann mach die freie, herrliche Sicht der Liebe

meiner Seele stark und frei.

1 SAM 16,7 | *Der Mensch sieht auf das Äußere, der Herr
aber sieht auf das Herz.*

Gemeinschaft im Aufbruch

Gott,
diesen Tagesbeginn
teilen so viele Wesen mit mir.
Die Tiere haben auf ihre Weise
angefangen damit.
Und auf meinem Weg in den Tag hinein
begegne ich so manchen,
denen ich dieses Aufbrechen
in den neuen Tag ansehe.
In Stille und in Zielstrebigkeit
oder in dem eigenartigen
Wuseln des Morgens.

Ja, eine eigene Solidarität
verbindet uns Startende.

Darin rufe ich dein Lob aus
und bitte dich, den Herrn
unserer Wege.
Für alle.

Geleite alles Morgenleben zur Vollendung.

Ps 104,23 | *Der Mensch geht aus, zu schaffen sein Werk,*
seine Arbeit bis an den Abend.

ERQUICKT

Gott meiner Anfänge.
So selbstverständlich ist es nicht,
dass ich heute Morgen
so frisch und neu
da bin.
Die Anspannung von gestern –
ausgepowert und bleiern müde
war ich zu Bett gegangen.
Das ist alles weg.

Ich danke dir für das Wunder
der nächtlichen Erneuerung

und springe in den Tag.

Mt 11,28 | *Kommt alle zu mir, die ihr mühselig und bela-
den seid, ich will euch erquicken.*

ÖSTERLICH

Jesus,
Auferstandener.
Deine Morgenbegegnungen –
eine Spur davon trägt sich
in meine Morgenerfahrungen ein.

Maria von Magdala.
In der frühen Dämmerung –
in der Gärtnergestalt bist du ihr
unberührbar nahe gekommen.

Das Frühstück am See
nach dem Frust der Nacht
mit deinen Jüngern.

Ja, das Leben ist ein Geheimnis.
Und seine Anmutung lässt sich manchmal
am Morgen besonders spüren.

Das Wunder der Erneuerung aus dem Tod
zieht hier Wurzeln in unsere Ahnung und Hoffnung.
Wirke in meine Lebenstage
dieses Wunder hinein

als Spur zur unvergänglichen Liebe.

EPH 4,22 | *Ablegen sollt ihr den alten Menschen eures
früheren Lebens.*

DIE UHR ANZIEHEN

Gott meiner Zeit.
Mit gemischtem Gefühl
habe ich die Uhr wieder angelegt.
Macht sie mir doch manchen Druck
mit ihren Festlegungen
der Stunden und Minuten.
Aber es gibt auch die Chance
begnadeter Stunden,
auf die ich mich von Herzen freue.

Verankere die Zeiten dieses Tages
tief in der Ewigkeit deiner Liebe.
Und führe uns zum Tag des Heiles.
Auf dass wir mit allem, was lebt,
dein Lob singen ohne Ende
im ewigen Nu und Jetzt,
das deine Liebe verwandt macht
mit unseren Tagen und Stunden.

Dank sei dir aus Liebe.

EPH 5,16 | *Nutzt die Zeit.*

Worauf ich mich freue

Gott dieses Morgens.
In meinem Tagesstart halt ich inne
und stelle mich in den Lichtkreis deines Wohlgefallens.
Spüre es auf mir ruhen, ja, in mein Wesen eindringen.

Was wird es für ein Tag werden?
Meine Vorschau auf den Tag sucht das,
worauf ich mich richtig freue.
Am Morgen – am Mittag – oder am Abend.
Liebe Menschen – Erlebnisse – Events.
Lass mich ein wenig in dieser Vorfreude verweilen.
Ich fixiere meine Seelenschau auf diesen Brennpunkt
und halte die Freude dir hin.
... ...
... ...

Vielleicht wird es ja ganz anders.
Aber die Vorfreude ist eine Startmelodie,
die mich beflügelt.
Und ich nehme sehr stark an,
dass dir mein Anfang heute sympathisch ist.
Denn du bist ein Freund der Menschen.

Und es ist deine Freude, bei ihnen zu wohnen.

Joh 16,22 | *Eure Freude nimmt euch niemand weg.*

Auftritt

Jesus, Menschensohn.
Meine Füße brauchen ein paar Augenblicke,
um wieder Kontakt zum Boden zu bekommen.
Fast wie eine Verwurzelung
baut mich das von unten auf.
Ich komme in einen festen Stand.
Alle Körperteile und die Seele erfahren darin
die Aufrichtung.
Wie gut, wenn du mich gründest in festem Lebens-
vertrauen!

Nun hast du mich nicht eingegossen wie Beton.
Sondern meiner irdischen Verwurzelung
Bewegung entlockt.
Dafür hast du mir Beine und ein Herz gegeben.
Und mit allen Fasern und Sehnen
lebe ich auf darin.

Festige meine Schritte.
Fange meine Sprünge auf.

HEBR 12,12 | *Darum richtet die erschlafften Hände auf
und die wankenden Knie, und macht gerade Bahnen für
eure Füße, damit, was lahm ist, nicht ausgerenkt, sondern
geheilt wird.*

*Körperübung: Stehen mit Kraft, die die Fußsohlen in der
Erde verwurzelt. Wippen oder federn mit Kraft. Du bist
elastisch auf dem Absprung. Allez, hop!*

Nicht verknöpfen

Heiland der ganzen Welt.
Beim morgendlichen Hemdknöpfen
bin ich schon richtig gut.
Selten diese Peinlichkeit
tagsüber mal zu entdecken:
Du hast dich verknöpft.

O ja, auch seelisch verknöpfe ich mich manchmal.

Da ich mit dir den Tag beginne,
so lass uns passend zusammenkommen,
wie Knopf und Knopfloch.
– Verzeih meinen hilflosen Vergleich. –

Meine Seele tastet nach dir.

Knüpf dich ein in diesen meinen Tag.

Ps 1,3 | *Alles, was er tut, es gelingt ihm.*

TÜR

Gott dieses Anfangs.
Wie durch eine Tür
gehe ich in diesen Tag hinein,
für den du mich geweckt hast.
Was steht mir da bevor?
In meinem Puls pocht ein bisschen
von der spannenden Kindererwartung,
wie denn diese Tür sich auftun mag.
Und siehe: Sie ist nur angelehnt!
So spüre ich den Aufschluss der Liebe,
mit dem du mir die Türklinke
zur Welt von heute
in die Hand gibst.
Und mit leichten Schritten darf ich
das Portal passieren.

Ich werde Leute treffen,
denen du ähnliche Gnadentüren geöffnet hast.
Auf dass in unseren Herzen etwas schwingt
und in unseren Füßen etwas federt
von der Tonart der Tageswelt,

in die deine Liebe uns schickt.

Joh 10,7 | *Amen, amen ich sage euch: Ich bin die Tür.*

Spiel/Ernst

Weiser Gott.
Ein Spott an den Morgenmuffel im Spiegel,
ein schräger Gesang unter der Dusche,
ein Scherz mit den Lieben beim Frühstück,
vielleicht noch ein Hundegruß zum Abschied,
dann aber, so ahne ich es,
holt mich wieder unaufhaltsam
der sogenannte Ernst des Lebens ein.

Ich will es dir heute Morgen mal gestehen:
Seine mürbe Spur hat auch mein Bild von dir
manchmal gezeichnet.
Das will ich abschminken.
Und wenn schon die Wichtigkeiten dieses Tages
nicht viel Platz lassen werden für ein lockeres
Drangehen,
so will ich mich doch von dir
im Herzen anstiften lassen
zu heiterer Gelassenheit in alledem.
Denn du hast überwunden,
und in dieser Überwindung
habe ich eine getröstete Spur in diesen Tag

und darüber hinaus.

Ps 2,4 | *Der in den Himmeln wohnt, er lacht.*

Wachablösung

Unser Gott.
Da bin ich aufgewacht.
Und dieser neue Tag
ist mir in den Schoß gelegt
als Geschenk in ein Aufsprossen hinein.
Aber: So unvermittelt und frisch
ich selbst diesen Morgen erlebe,
er ist mir auch weitergegeben
wie ein Stafettenstab.

Von den Schichtarbeitern,
die nun zu Bett gehen,
von den nächtlichen Betern,
die stellvertretend die Achtsamkeit des Herzens
wach an dir festgemacht haben.
Von den vielen Service-Leuten,
deren Schaffen mir einen unbeschwerten,
einen trockenen und warmen Weg
in diesen Tag bereitet hat.

Dankbar nehme ich diesen übergebenen Tag
von ihnen und von dir an.
Ich will ihn beherzt und behutsam tragen
und heute Abend mit fester Hoffnung weitergeben
in Hände, die du segnest.

Lass uns das Weitergeben gelingen.

Ps 96,2 | *Von Tag zu Tag verkündet sein Heil.*

Mit dem linken Bein aufgestanden

Heiland der Welt!
Das ist nicht mein Tag.
Heute scheint von Anfang an der Wurm drin zu sein.
Nichts klappt so richtig.
Auch das Beten ist neben der Spur.
Nimm meinen guten Willen.
Auf später!

Amen.

Ps 121,2 | *Hilfe kommt mir vom Herrn, der geschaffen hat Himmel und Erde.*

BLICK IN DEN SPIEGEL

Guter Gott.
Na ja, den ausgiebigen Blick in den Spiegel
riskiere ich lieber dann mal später.
Jetzt kann ich liebend hinschauen
auf die Person da.
Wenn ich mit ihr Probleme habe,
dann erinnere mich,
dass du liebend zuschaust.
Immerhin habe ich ja von dir
den Blick gelernt,

der hinter das kosmetische Gesicht schaut.
Wenn der Kerl mich dann so frech angrinst,
Dann bleibe ich ihm die Antwort nicht schuldig.

Und schicke ihn in einen gelassenen Tag.

1 KOR 13,12 | *Jetzt sehen wir in einem Spiegel alles rätsel-
haft, dann aber von Angesicht zu Angesicht.*

Verkehrstauglich?

Heiland der Menschen.
Vor einer halben Stunde war ich noch
in einer ganz anderen Welt,
wo Fliegen möglich war
und nicht rechts vor links galt.
Und jetzt nehme ich den Zündschlüssel
und soll die zig PS sicher steuern
in dieser genormten Verkehrswelt.
Wie froh bin ich, dass mir das immer wieder gelingt.
Und ich fahre gerne.
Hast du da
deine stützende, ermunternde und leitende Hand im
Spiel?
Der Verkehr fordert meine ganze Aufmerksamkeit,
aber ein Gedanke vor oder nach dem Fahren
erinnert deine Segensspur.

Ich danke dafür.

1 Thess 5,8 | *Wir aber, die wir dem Tag gehören, wollen*
nüchtern sein.

STELLVERTRETEND

Gott, Schöpfer dieser Tageswelt.
Ich danke dir für die Möglichkeit,
heute Morgen meinen Mund zu dir hin aufzutun.

Möglichst ohne Eigendünkel
will ich es heute sozusagen stellvertretend tun
für alle, die zurzeit nicht beten können.

Sei es, weil sie verschlafen haben
oder sonst wie schon seit dem frühen Morgen
rundum eingedeckt sind mit Aufgaben und Pflichten.
Sei es, weil Kummer ihre Seele stumm macht
oder weil sich diese Welt dort sehr breit eingenistet hat.

Du wirst die raue Herbheit solcher Erfahrungen
heraushören aus meinem Morgenlob.

Auch mir bleiben sie nicht in den Kleidern stecken.
Wer weiß, wie es mir noch gehen wird.
Es wird schon seinen Sinn von dir aus haben,
dass du es so unterschiedlich verteilt hast.

So will ich dich denn umso herzlicher loben
im Auftakt dieses Tages.

Besonders auch dafür, dass du
unsichtbare Fäden des Heiles knüpfst
zwischen uns allen.

Und mit die Finger rührst,
um die Knoten darin zu lösen
und das Abgerissene neu anzuknüpfen.

So wirke uns alle hinein
in das kunstvolle Geflecht
deiner Gnade an diesem Tag,

wie du es willst.

1 KOR 12,26 | *Wenn ein Glied leidet, leiden alle mit; wenn ein Glied ausgezeichnet wird, freuen sich alle Glieder mit.*

KEINE SPUREN

Gott der Geschichte.
„Durch das Meer ging dein Weg
Dein Pfad durch gewaltige Wasser
Doch niemand sah deine Spuren."

Hast du mich so ähnlich durch diese Nacht geschickt?
Wie Israel durchs Rote Meer?
Sicher war mehr los, als ich es auf dem Schirm habe.
Ja, da war wohl Einiges aufgewühlt in meinen Träumen.
Gewaltige Wasser.
Und nun am Morgen:
stille See.

Ich reibe mir die Augen.
Wie soll ich mit dieser Spurenlosigkeit umgehen?
Ich will mich darum nicht grämen.
Ganz im grünen Bereich anfangen.
Und der Tiefe trauen,

in der deine Liebe machtvoll wirkt.

WEISH 10,18 | *Die Weisheit führte sie durch das Rote Meer und geleitete sie durch ein mächtiges Wasser.*

STIMMUNG

Gott der Liebe.
Es gab schon Fehlstarts in den Tag.
Manchmal ist es dann schräg geworden,
und ich kam mir vor wie ein verstimmtes Instrument.
Meine Launen verfälschten mein Wesen.
Da hab ich mir vorgenommen,
den Tag besser gestimmt zu beginnen.
So will ich es denn auch tun
und mein Wesen deinem Ruf hinhalten,
diesem Grundton, der Liebe ist

und mich stimmt.

Mt 11,17 | *Wir haben euch mit Flöten aufgespielt und ihr
habt nicht getanzt!*

JUNGER TAG

Gott des Lebens,
dieser begonnene Tag –
kann er im Zeitraffer
das ganze Leben symbolisieren?
Da wäre jetzt am Morgen
die ganz junge und frische Kindheit dran.
Da Jesus mich anstiftet,
wie die Kinder zu werden,
so lass mich diesen jungen Tag
mit Kinderaugen und Kinderherzen erleben.
Und im Älterwerden dieses Tages
die Segnungen und Seligkeiten

des Kindseins nicht vergessen.

MK 10,15 | *Wer das Reich Gottes nicht annimmt wie ein
Kind, wird nicht hineingelangen.*

FESTTAGSMORGEN

Gott des Schabath,
das ist der Tag des Herrn!
Und du lockst meine Seele wach,
sich zu kleiden mit dem Gewand der Freude.
Die äußeren Klamotten mögen sein, wie sie wollen.
Die Freude an dir steht mir von innen so gut,
bei dem, was wir heute zu feiern haben.
Vielleicht hilft ja auch noch die Sonne dabei
und das Vogelgezwitscher
und der frische Strahl der Dusche.
Und die Freudefunken der Lieben
und, und, und …

Ich betrete diesen Feiertag
wie ein Spielfeld.
Der dumpfe Ernst bleibt draußen.
Das frohlockende Herz ist geschützt.
Und dein Geleit führt mich
zu vielen Knospenstellen,
wo die Logik der Liebe aufblüht.

Ein herrlicher Beginn – dir zu Ehren.

Ps 118,24 | *Dies ist der Tag, den uns bereitet der Herr;*
lasst uns frohlocken und seiner uns freuen.

MONTAGMORGEN

Mein Gott,
da ist es, das Montagsgefühl.
Der Beginn der Arbeitswoche.
Ich bin ja schon mal froh,
wenn die unvermeidlichen Werktagsrituale
einigermaßen störungsfrei ablaufen.
Irgendwie brauche ich heute Morgen
einen besonderen Anschub.
So einen kleinen Kick –
könntest du mir den nicht geben?

Da ich mich hier kurz auf dich besinne,
spüre ich von dir aus
noch etwas anderes:
einen ermutigenden Grundton der Gelassenheit –
kein schlechter Auftakt,

bis ich in die Hufe komme.

OFFB 2,2 | *Ich weiß um deine Werke, deine Mühe und
deine Ausdauer.*

Morgengebet im Advent II

Heiliger Gott,
mit dem neuen Tag begrüße ich
dich und deine ewige Liebe.
Sie weckt mich auf.
Manchmal hängt dem Herz
ja noch etwas nach
und bindet es wie mit Bleifüßen an die Nacht.
Manchmal aber schwingt es glockenhell
in diese neue Zeit.
Springt mir voraus mit der Freude
und Neugier eines Kindes,
was es denn für ein Tag wird.
Du aber Herr,
segne meinen Anfang
und zieh mit deiner hellen
Liebe meinen Sinn auf ihre Spur.
Sei dafür von ganzem Herzen gepriesen
an diesem Morgen.
Deine Verheißung klingt und leuchtet:
Advent. Komm, Herr Jesus.
Leite mich heute in der Ahnung
dieses Geheimnisses

und mehre die Liebe.

Jes 45,8 | *Taut, ihr Himmel, aus der Höhe!*

MORGENGABE

Gott meines Lebens.
Ich werde wieder andocken an die Getriebe des Tages.
Vorher aber lass mir aus dir heraus
Ruhe und Bewegung erwachsen.
Du schenkst mir
diese Erfahrung der Quelle
als Morgengabe.
Nun mag geschehen, was will.

Der Fluss der Liebe trägt mich.

Ps 36,10 | *Denn bei dir ist die Quelle des Lebens.*

ZÜNDSPRUCH

„Gott walt's ..."
So begannen die Alten ihre Tage
und Projekte und Fahrten.
So ein Vertrauen
ist auch mir Starthilfe
in diesen neuen Tag.
Ja, ich möchte deine guten Mächte ansprechen,
die mich wunderbar bergen,
wohin es auch geht.

Und nun geht's los.

TOB 5,6 | *Mehrere Male bin ich dort gewesen und alle
Wege dorthin habe ich im Kopf.*

GEFLECHT

Gott der Menschen.
Ich nehme den Faden wieder auf,
den du mir aus der Tiefe der Nacht heraus reichst.
Oh, in was für ein dichtes Netz
wirst du ihn einflechten und einweben.
Begegnungen, Gespräche,
Hand-in-Hand-Arbeiten,
Planungen, Aufträge, Erledigungen ...
Auch Einrisse und Verknotungen
sowie neue Anknüpfungen wird es geben.
Mein Wunsch:
dass mein Lebensfaden Spiel hat
und nichts eng verzurrt und abschnürt.
Lassen wir ihn weiterspulen.
Ich bin gespannt auf das Muster,
das du heute entstehen lässt.

Lob will schon von Anfang an mitlaufen.

KOH 3,6 | *Eine Zeit zum Suchen und eine Zeit zum Verlieren, eine Zeit zum Aufbewahren und eine Zeit zum Wegwerfen.*

LIEBE

Mein Gott.
Du hast sie mir schon eingeschrieben
in diesen Tagesbeginn
und in die sensibelste Schicht meines Herzens:
die Liebe.
Ich spreche sie an,
möchte mich ihrer vergewissern
und rufe sie auf.
Und sie gibt mir verschwörerische Signale:
Keine Angst, ich bin da
und wachse mit dir in diesen Tag hinein.
Das genügt.

Oder?

1 Kor 13,3 | *... hätte aber die Liebe nicht ...*

LUFTSPRÜNGE

Freier Gott.
Von mir aus vergesse ich es schon mal morgens.
Und starte mit mürber Beflissenheit.
Aber in diesen Morgenstart
gehört es doch hinein,
das Lachen.
Ja, da ist so viel Ernst,
der will sich mir an die Fersen heften.
Damit er das nicht schafft,
macht meine Seele Luftsprünge.
Schau, wie närrisch sich die ganze Parade
der Wichtigtuereien des Tages positioniert.
Die lachen wir jetzt mal herzlich aus!
Und wenn mir heute trotzdem das Verbissene
die Seele und den Blick verfilzen will,
dann soll der Nachklang
dieses Lachens es verscheuchen.

Ich bin gespannt auf die Juwelmomente von heute,
in denen mich dein Lachen ansteckt.
Und allem, was heute nichts zu lachen hat,

soll solche Freude zu deiner Zeit künftig erblühen.

Ps 2,4 | *Der in den Himmeln wohnt, er lacht. Ihrer spottet
der Herr.*

Für wen?

Gott der Liebe.
Mein Aufstehprogramm habe ich hinter mir.
Und nun sind da Menschen, auf die ich mich freue.
Auch sie geben diesem Tag einen Sinn.
Ja, schon beim leisen Gedanken an sie
fällt etwas wie Morgenhelle
in mein Gemüt.
Ich verweile einen Augenblick in diesen Strahlen
und werde die Vermutung nicht los,

dass du auch wieder dabei bist.

2 Petr 1,7 | *In der Frömmigkeit die Bruderliebe, in der
Bruderliebe aber die Liebe überhaupt.*

AUF

Ich wache auf.
Stehe auf.
Horche auf.
Schaue auf.
Lebe auf.
Und in jedem „auf"
bist du.

RÖM 13,11 | *Die Stunde ist gekommen, vom Schlaf aufzustehen.*

TRADITION

Gott des Lichtes.
Ich bin nicht der erste Zeitgenosse
heute Morgen.
Und auch nicht der einzige
an diesem Rand der Nacht
zum Tage hin.

Da haben Leute Schicht gearbeitet
und kehren nun müde heim.
Da haben Gefährten einfach nicht schlafen können –
und erst recht nicht die Schmerzenswachen.
Da klingt das Nachtzeitlob der Betenden nach.
Fühlt sich dieser Morgen auch noch so taufrisch an,
– und wie herrlich ist das –
ein Dankgedanke an die Schwestern und Brüder
ist angesagt.

Ich möchte liebend aufnehmen und weitergeben.

Ps 19,3 | *Der Tag gibt weiter das Wort an den Tag.*

Aggiornamento

Ewiger Gott.
Heute am TTMMJJ
ist Heilszeit.
Dieses Datum ist ein Geschenk von dir.
Du gönnst mir mein persönliches Update.
Ich nehme es gerne an
und will mit deiner Hilfe
etwas draus machen.
Dieses Geschenk hat keine Patina.
Es fordert mich heraus, heutig zu werden.

So schüttle ich mich
beim Wegwerfen des alten Kalenderblatts.
Auf dass der Schlaf und das Gestrige
von mir abfallen.
Und eine erneuerte Person sich erhebt,

den Wundern und Läuterungen dieses heutigen Tages
entgegen.

Ps 42,9 | *Am Tag verleihe der Herr seine Huld.*

WASSER

Ja, du Gott des Lebens,
es geht heute Morgen wieder an mich.
Dieses erfrischende Wasserelement,
unser menschliches Lebenselixier,
bringt mich in Schwung.

Während mein Puls auf Trab kommt,
springt meine Seele
auf die erlöste Bahn.
Du hast sie im Taufsegen benetzt.
Mich eingespeist
in die guten, tragenden Strömungen des Heils.

Meine Haut, meine Adern
und mein ganzer Kerl

dankt dir diese Erfrischung von Herzen.

Ps 23,2F. | *Er führt mich an Wasser der Ruhe. Erquickung
spendet er meiner Seele.*

Verweilen an der Nahtstelle

Gott der Übergänge.
Manchmal schenke ich mir vor dem Aufstehen
noch ein paar Minuten
des verkuschelten Nachträumens
und Vordämmerns.
Ich treibe mich im Zwischenreich
zwischen Wachen und Schlafen rum.
Traumreste enthüllen das Aufwachen,
der Vorschein der Tagesdinge
pixelt sich langsam
bei geschlossenen Augen in die Seele.
Und genau da
ist mein Morgengebet verwurzelt.

Wie kostbar ist diese Zeit!
Ich spüre den Zauber der Erneuerung.
Das Energiegeheimnis der Seele ist zu ahnen,
wie ein Akku fühle ich mich angedockt
am Kraftfeld deiner kreativen Liebe.
Ich möchte das ganze Tagesbewusstsein

mit dieser heilsamen Verbindung unterlegen.

Spr 6,10 | *Nur ein wenig noch schlafen, ein wenig noch
schlummern, noch ein wenig die Arme verschränken zum
Ruhen.*

Das Haus verlassen

Gott meiner Wege,
seltsam, meistens auf der Schwelle
fällt es mir dann ein,
dass ich auch dir ein Wort zu diesem neuen Tag sage –
oder auf dem Weg zur Garage
oder zum Bahnhof.

Und ich erinnere mich an das Weggefühl deiner Jünger.
So schön ein Ort der Geborgenheit ist:
Die Welt der Deinen ist nicht in Häuslichkeit verpackt.
Manchmal ist es eher anregend, mobil zu sein.
An anderen Tagen muss ich mir schon
einen inneren Schubs geben,
um in die Gänge zu kommen.

Jedenfalls kommt es heute von unterwegs,
dieses mein Gebet.
Ich kann es ganz leise flüstern,
denn dein Sohn ist dieser Gefährte,
der selbst sich in meine Wege nahebei versteckt.
Besser noch summen, denn dein Geist
unterlegt mir road songs.
Auf dass wir Pilger

unserer Wege froh werden.

Ps 16,11 | *Den Weg des Lebens lässt du mich schauen.*

GUTEN MORGEN, LIEBE SORGEN

Barmherziger Gott.
Die Nacht schien gnädig im Vergessen.
Aber nun melden sich wieder Sorgen.
Ich konnte sie nicht alle abschütteln.

Ich möchte mir das erste Wort in den Tag
nicht von denen stehlen lassen.
Ja, tu mir den Mund auf, den Sorgen ins Angesicht.

„Macht euch nicht so breit!
Wuchert nicht in mein Leben!
Es gibt jemand, der euch in die Schranken weist.
Er ist auf meiner Seite!
Und ein paar von euch schnappe ich mir
und werfe sie auf den Herrn.

Gnade euch Gott!"

MT 6,25 | *Darum sage ich euch: Sorgt euch nicht um euer Leben, was ihr essen werdet, noch um euren Leib, was ihr anziehen werdet. Ist nicht das Leben wichtiger als die Nahrung und der Leib wichtiger als das Kleid?*

AUFBLÜHEN

Gott des Lichtes.
Alle Morgen geht mächtig eine geheime Bewegung
über die angeschienene Hälfte der Erde.
Die eingefalteten Pflanzen richten sich auf,
recken sich dem Licht entgegen,
entfalten die lichtsammelnden Mandalas
der Blätter und Blüten.
Milliardenfache Sonnenanbetung.

Vielleicht kann ich heute wenigstens mal
eines dieser Pflanzenkunstwerke anschauen
und Wahrnehmen, wie verwandt mein Herz
diesem Ausfalten und Strahlensammeln ist.

Ja, eine ähnliche Bewegung
waltet vom Grund meiner Seele
bis in die Fingerspitzen –

du gibst mir ein Gesicht.

MT 6,26 | *Betrachtet die Lilien des Feldes.*

LEHEN

Gott, du Herr des Lebens.
Wem wird dieser Tag gehören?
Natürlich soll er mein Ding werden,
und ich möchte selber
dieses Stück der Lebenszeit ausfüllen.

Aber mir imponieren auch die ritterlichen Menschen,
die ihre Lebenstage annehmen
wie eine Leihgabe.
Den geliehenen Tag
pfleglich behandeln
und ausfüllen mit dem Eigensten.
Um ihn am Abend dir,
dem großzügigen Geber,
dankbar zurückzugeben.

So will ich es heute mal versuchen.

JAK 1,17 | *Jede gute Gabe und jedes vollkommene*
Geschenk kommt von oben, dem Vater der Lichter.

LEBENSRHYTHMUS

Gott des Lebens.
Ich komme allmählich in die Hufe.
Klinke mich ein in die Gänge
der Lebensbewegung.
Diese Einschaltung –
manchmal gelingt sie gut.
Manchmal knirscht das Getriebe.

Es wird mich wieder in Hektiken hineinreißen.
Andere Mächte geben die Geschwindigkeit vor.
Dass meine Seele dabei nicht verflattert!

Ob auch solche Takte heute drin sind,
in denen meine Seele tanzen darf

entlang deiner Signatur des Lebens?

SPR 12,28 | *Zum Leben führt der Pfad der Gerechtigkeit.*

MORGENRITUAL

Gott dieses neuen Tages.
Vom Recken und Strecken
über die Körperpflege
bis zum Morgenkuss.
Ein Ritual habe ich mir dazu gebastelt.
Das macht meinen Tagesstart vertraut
und vielversprechend.
Und deine große Güte
kommt fest darin vor.
Immer dasselbe?

Es muss nicht langweilig sein,
und Abwechslung wird es heute noch genug geben.
Darauf bin ich gespannt.
Vorweg streue bitte in meine Gewohnheiten

das Funkeln des Segens ein.

HEBR 5,14 | *Die durch Übung geschulte Sinne haben.*

MEIN DING?

Mein Gott,
ich bin nicht unersetzlich.
Aber dieser Tag, den du mit mir beginnst,
wird doch mein Tag werden.
Hoffentlich mehr im Gelingen als im Vergeigen.
Aber doch gezeichnet
von meinen unverwechselbaren Fingerabdrücken –
all den Spuren meines Tuns und Lassens.
Ja, es ist schon eine große Herausforderung an mich.
Mit großer Gelassenheit möchte ich
unter dem Förderblick deines Zutrauens
mein Bestes geben …
Na ja, ich sag mal:
Gutes und Brauchbares zuwege bringen.
Mannigfach verschränkt mit deiner Gnade
und dem Mitwirken vieler Menschen.
Und später mal lass uns drauf schauen,
wie genial du wieder die Urheberschaften

durchmischst und vertauschst.

Ps 42,9 | *Am Tag verleihe der Herr seine Huld.*

MORGENKREATUR

Gott deiner Schöpfung.
Der Hahnenschrei hat es mir
schon ganz früh vermeldet:
Die Tiere fangen diesen Tag auch an
auf ihre Weise.

Alles, was in den Lüften lebt,
hat durch sein Flattern und Summen
mir, dem Spätaufsteher, schon angesagt,
dass da längst ein großartiger Aufbruch
im Gange ist.
So wie die treuen Vierbeiner im Haus und in den Ställen.
Sie geben Laut und Antwort
in diesen neuen Tag hinein.
Und ein Teil meines Wesens
ist da gut mit dabei.

Dem wachsenden Licht entgegen.

Ps 104,27 | *Alle Wesen warten auf dich, dass du Speise
ihnen gibst zur rechten Zeit.*

TAU

Gott der Erquickung.
Manchmal riskiere ich in der Frühe
die Berührung mit dem Morgentau.
Meine nackten Füße
nehmen die feuchte Erquickung auf,
die du uns an vielen Morgen schickst.
Alles erklärbar durch den Kreislauf des Wassers
rund um unsere Erde.
Aber auch ein Geheimnis.
Eines von der sehr anregenden Art.
Mein Körperkreislauf und alle Sinne
sind prickelnd angesprochen.
Und meine Seele ist durchpulst
vom größeren Kreislauf
des Segens

von dir her und zu dir hin.

GEN 27,28 | *Gott gebe dir vom Tau des Himmels.*

GOTT DES ANBEGINNS

Der Hochspringer
wird nicht mit einem Startschuss von außen gestartet.
Er sammelt sich.
Vergisst das ganze Stadion.
Und startet dann, wenn er ganz bei sich ist.
So ähnlich möchte ich heute Morgen beten.

Schenke mir die Stille dazu.

1 PETR 3,4 | *Der verborgene Mensch des Herzens mit dem unvergänglichen Wert eines milden und ruhigen Geistes.*

GEMEINSAMES FRÜHSTÜCK

Gott unserer Gemeinschaft.
Schön, dass es heute klappt.
Ja, passt gut in unser Miteinander.
Dieses Frühstück am etwas feierlicheren Tisch.
Dazu haben wir uns heute Morgen zusammengetan
und Gutes aufgetischt.
Einer freut sich am anderen.
Das tut uns gut.
Wir brauchen es nicht zu verbergen,
wie gut wir es miteinander meinen.
Da erinnern wir grade mal dein Wohlgefallen.
Lass es auf uns ruhen.
Nähre unsere Herzen und unsere Gemeinschaft mit
deinem Segen.
Und lass uns später aufbrechen von hier

in einen Tag des Herrn.

Ps 133,1 | *Wie ist es lieblich und gut, wenn Brüder beisammen wohnen in Eintracht.*

BATTERIE

O Gott,
nimm es mir nicht übel,
wenn ich dich mal wieder quasi technisch anspreche.
Da ist wieder die Frage
der Auffrischung und Erneuerung der Lebensenergie.
Ich begreife die Lampe der klugen Jungfrau
wie einen Akku zum Aufladen.
Wohl blicke ich nicht im Letzten durch,
wie das elektrisch so geht bei meinem Handy,
Rasierer und Notebook mit den Lithium-Ionen.

Aber jetzt zu mir und dem Akku meiner Seele.
Reicht es, wenn er im Nachtschlaf
bei dir angeschlossen war?
Schließlich gibst du es ja den Deinen im Schlaf.
Dieses Gebet nun spricht sie aber noch einmal aus-
drücklich an
und lädt sie ein in mein Wesen:

deine energiespendende Liebe.

Ps 127,2 | *Den Seinen gibt der Herr es im Schlaf.*

TYPBERATER

Gott meines Anfangs.
Bevor ich mir die Wäsche
für den Tag zusammensuche,
sage ich meiner Nacktheit und meiner Seele:
„Aber hallo, wir brauchen Gott sei Dank noch keinen
Typberater."

Der Prophet rät uns,
die Frustklamotten wegzutun
und das Gewand des Festes und des Heils anzuziehen.
Das wollen wir nicht auf die St. Nimmerleinsfeste
verschieben.
Rein in die Freude
und in das Wohlgefallen Gottes.

Und siehe, es passt.

Jes 61,10 | *Denn er hat mich mit den Gewändern des
Heils bekleidet.*

Literatur

Gott meines ganzen Lebens.
Der Lebensroman,
den du mit mir schreibst, geht weiter.
Heute Morgen schlage ich eine neue Episode auf.
Ein paar Anhaltspunkte gibt es schon,
wie die Geschichte weitergeht.
Da bin ich gespannt, wie die Leute sich
mit mir entwickeln
in dem, was kommt.
Ergänzungen? Überraschungen? Krisen? Abenteuer?
Du schreibst mit.
Du inszenierst mit.

Und manchmal darf ich nahe dran sein.

Ps 119,168 | *Offen liegen meine Wege vor dir.*

BRÖTCHEN HOLEN

Menschenfreundlicher Gott.
Der Gang zum Bäcker –
er eignet sich wunderbar,
um Sinne und Seele
im Morgenstart zu sammeln.

Der Duft des Backwerks,
die Grüße der Morgengenossen,
der tagesfrische Smalltalk.
Das alles lässt mich Stand gewinnen
im Milieu dieses Tages.

Ich werde auch zum Kumpan
deiner Verborgenheit
in all dem sehr Menschlichen.
Am Frühstückstisch

soll sie mit dabei sein.

Ps 132,15 | *Segnen will ich seine Speise mit der Fülle des Segens, seine Armen will ich speisen mit Brot.*

TAGESLICHT

Gott des Lichtes.
Das Tageslicht soll eine eigenartige Helle ausstrahlen.
Unser lichthungriges Wesen sei sehr durstig
auf die Strahlen dieser Wellenlänge –
so sagen manche Wissenschaftler.

Ich suche auch ein echtes, unverglittertes Licht
in meinem Leben.
Du hast es in meine Alltage hinein versteckt.
Meine Augen hast du geschaffen und erlöst,
es unverdrossen zu finden.

Mein Herz und meine Seele
wollen in diesem Licht aufleben,
das von dir kommt.
Und unser Miteinander auch.
Lass es uns gelingen.

Mach uns zu Kindern des Lichtes.

Ps 27,1 | *Der Herr ist mein Licht und mein Heil.*

ARMUT

Gott der ganzen Menschheit.
Global gesehen tut sich mit dem Tagesbeginn
schon der furchtbare Graben
zwischen Komfort und Elend auf,
wie er die Menschheit spaltet.
Wie sieht ein Morgen in Kirgisien aus
oder in einer südamerikanischen Favela?
Aufstehen, schmutziges Wasser von weither holen.
Holz organisieren und spalten. Katzenwäsche,
dünner Kaffee und trockenes Brot
und nichts anderes im Sinn,
als mit größter Anstrengung das Überleben
für diesen Tag zu sichern.

Wir auf der Wellness-Seite
werden dessen eingedenk schon mal verlegen
unter der warmen Dusche
oder vor drei Müsli-Sorten.

Die Tagesfreude und der Frühstücksappetit
sollen uns dabei nicht vergehen.
Aber die kommende Zeit soll uns solidarisch sehen

mit dem Tagesbeginn der Hungerleider.

SPR 6,10F. | *Nur ein wenig noch schlafen, ein wenig noch schlummern, noch ein wenig die Arme verschränken zum Ruhen! So kommt über dich die Armut wie ein Wegelagerer, wie ein Bettler die Not.*

Rollen

Gott unseres Lebens.
Ich schaue auf den kommenden Tag und merke,
dass ganz verschiedene Rollen mich erwarten,
auf dass ich sie spiele:
Partner, Elternteil, Mieter, Verkehrsteilnehmer,
Arbeitnehmer oder Arbeitgeber,
Kunde, Vorbild, Staatsbürger, Christ und und und …

Die Vielfalt ist bereichernd.
Manchmal greift sie aber auch meine Persönlichkeit an.
Sodass ich mich frage:
Wer bin ich denn selbst eigentlich?

Du rufst mich beim Namen, dem wertvollen,
der von all diesen Rollen nicht verbraucht wird.
Der Blick deines Wohlgefallens ruht auf mir
an diesem Tag.

So gehe ich ihn denn an
in der guten Zuversicht,
ich selbst sein zu dürfen im Zusammenspiel

mit all den ähnlich Bewegten.

Ps 104,24 | *Wie vielgestaltig sind deine Werke, o Herr.*

Im Chor der Loser

Gott unserer Schicksale.
Wieder einmal finde ich mich heute Morgen
unter den Klagenden.
Das Leben hat uns viel aufgelastet.
Ich habe es mir nicht ausgesucht.
Den gestrigen Tag, wie so manchen,
wollte ich nur mit Ach und Krach überstehen.
Mit Weh bin ich in eine bleischwere Nacht gegangen,
von Schmerzwachen durchbrochen.
Und heute Morgen wieder diese verschärfte Bitternis
im Blick auf den jungen Tag.
Ein einziges Seufzen bloß kriege ich jetzt zusammen.

Lass mich doch nicht untergehen!

Ps 73,14 | *Jeden Morgen von Neuem die Plage.*

VERSCHIEDENE WELTEN

Gott des Tages.
Kaum haben wir heute Morgen
die Bühne der Wachen betreten,
da stieben die Lieben
schon auseinander,
ganz krass weg voneinander
in ganz verschiedene Welten.

Häuslichkeiten und Weggemeinschaften
werden gesprengt
in die Welt der Fitten und der Angeschlagenen,
in die Welt des Wohlstands und der Armut,
in die Welt der Technik und der Natur,
in die Welt der Serviceberufe
und die Welt der Selbstbestimmung,
in die Welt der Firmen und des Konsums,
in die Welten der verschiedenen Generationen,
in die Welt der Natur und des Kulturbetriebs,
in die Welt der Schulen und der Freizeit.

Und da irgendwo
werde auch ich mich bewegen
in dieser Zersplitterung,
bestenfalls als Grenzgänger
zwischen den Welten.

Im Auseinanderdriften der Lebenswelten
brauchen wir dich.
Erleuchte die Orientierung,
entzünde die Begegnungsfreude,
knüpfe verlässlichen Zusammenhalt.

Und mach die Liebe stark.

JES 57,10 | *Du zerarbeitest dich in der Menge deiner Wege*
(Lutherübersetzung).

ZURUF

Gott des Daseins.
Ich lausche mich in diesen Morgen hinein
wie in einen Kosmos der Geräusche.
Gäbe es eine Partitur davon,
was für ein riesiges Panorama von
kurzen und langen Tönen,
schwachen und satten,
funkelnden und dröhnenden –
was für ein Chaos!
Und doch hast du uns Lebendigen
eine Peilung geschenkt,
ein Organ, das aus all dem
den einen Ton heraushört,
womit eines das andere meint.
Aus Tüdelüt wird ein Freundschaftspfiff,
aus dem Timbre eines Rauschens

Beziehung. Welch ein Wunder!

Ps 114,6 | *Ihr Berge, was hüpft ihr den Widdern gleich,
wie junge Lämmer, ihr Hügel?*

GOLD IM MUND

Gott,
vielleicht kriege ich den Sinn
des Sprichworts zu fassen:
„Morgenstund' hat Gold im Mund."

Was für ein Gold haben die Alten damit gemeint?
Sollte es ein Profit sein,
den die Frühaufsteher sich vor den anderen erarbeiten?
Der wäre doch eher im Säckel als im Mund.

Ist es der frische Atem
und der Geschmack der zwecklosen Morgenfreude?

Oder doch eher ein Lied aus frischer Kehle?
Auf dem Weg in den Tag
will ich noch ein bisschen daran herumkauen.
Und meine Seele weiß:

Ein Goldstück hast du des Morgens in ihr vergraben.

Ps 59,17 | *Ich aber will singen von deiner Macht, am
Morgen schon jubeln über deine Barmherzigkeit.*

(Nicht) mein Tag

Ewiger Gott.
Manchmal riecht meine Seele schon sehr früh,
dass das jetzt nicht mein Tag ist.
Manchmal aber liefert sie mir damit
morgens eine schlecht gelaunte Vorahnung –
um mir abends zu sagen: „Siehste, Recht hatte ich!"

Du wirst es mir nicht verdenken,
wenn ich mit dem linken Bein aufgestanden bin.
Aber deine Stütze und Hilfe zum Aufrichten
weiß Besseres, als einen Tag schon vor dem Mittag
mieszureden.

So will ich denn mal tief Luft holen
und unter dem Aufblühblick deines Wohlgefallens
die verborgenen Chancen dieses Tages
anwärmen lassen.

Ob sie heute knospen oder morgen.

Mt 6,34 | *Jeder Tag hat genug eigene Plage.*

AUFSTEHEN

Erleuchtender Gott.
Ich bin aufgestanden.
Das war nicht nur grade mal
eine Positionsveränderung.
Dabei wurde viel mehr mobilisiert.

In den Stand bin ich gerufen,
aus den Tiefen der Nachtträume heraus,
wie der junge Samuel.

Aufrechter Gang ist mein Ding.
Aufgerufen von dir,
mich nicht zu krümmen und zu ducken
unter die Joche dieser Welt.
Einzustehen für die Wahrheit
und um die Liebe zu bezeugen.

Ja, der christliche Stand,
zu dem du mir Seelenmut gegeben hast!
Meine Füße haben festen Erdkontakt
und in meinem Rückgrat prickelt etwas
von der Geradheit aufrechten Lebens.

Segne mein Aufstehen.

HEBR 12,12 | *Richtet auf die wankenden Knie.*

Wer weckt wen?

Du, Gott des Beginns.
Manchmal flüstere ich meiner Seele
das Weckwort für den Tag zu.
Manchmal spricht eher sie zu mir.
Jedenfalls hatte mein nachtschlafendes Wesen
in seinen letzten Zügen
ein Weckpotenzial.
Und du hast es angesprochen und aufgerufen.

Die wache Welt herausgelockt.

Jes 32,3 | *Da sind die Augen der Sehenden nicht mehr*
verklebt, und die Ohren der Hörende merken auf.

ZÜNDUNG

Gott der Anfänge.
Manchmal ist es schon ein Schlüsselerlebnis.
Ich will morgens losfahren.
Drehe den Zündschlüssel vom Auto –
und nichts kommt.
Warten, noch mal versuchen.
Manchmal klappt's dann doch.
Manchmal muss groß repariert werden.

Geht nicht der Morgenstart meiner Seele
an manchen Tagen ähnlich verzögert ab?
Da wirble ich herum mit allen Morgenritualen,
aber innen hat's noch nicht gezündet.
Die dumpfe Unbeweglichkeit des verschlafenen Herzens
hat sich festgefressen,
noch nichts ist wirklich beseelt.

Jetzt aber innehalten.
Jetzt aber tief Luft holen.
Jetzt aber realisieren, wie groß das Geschenk
eines geglückten Tagesstarts ist.
Jetzt aber deine Aufmunterung spüren.
Jetzt aber mit dir von Herzen gern

Spätzünder sein.

Jos 3,7 | *Heute will ich beginnen, dich groß zu machen.*

DÄMMERUNG

Dieses eigenartige Morgenlicht, o Herr.
Halb ist die Welt noch grau
und halb wachsen ihr Farbpigmente zu.
Schatten und Licht sind gemischt.
Sehr langsam, aber stetig, kehrt in alle Nischen des
Morgens
sein Licht ein.

Dieses Schwebende und Offene –
nur kurze Zeit bekrabbelt sich meine Seele
in diesem Anfangsmilieu
an der Grenze der Nacht zum Tag.
Trotzdem ahnt sie etwas
von der blauen, heiligen Stunde,
in deren Aufdämmern das Menschsein
seinem Sinn entgegenwächst.

Und du verbirgst dich auf deine Weise

in dem, was mir da dämmert.

LK 1,78 | *durch das innige Erbarmen unseres Gottes, mit
dem er uns besuchen wird als Aufgang aus der Höhe.*

GLOCKE

Manchmal, o Herr,
werde ich auf meinen Reisen
morgens von einer Glocke geweckt.
Bevor ich die Augen aufmache,
erinnert sie meine Seele schon
an den himmlischen Segensbereich
und seine hiesigen Entsprechungen.

Ein schönes, heilsames Signal.
Dass die Glocke dann auch
all das in mir anspricht,
was mitklingen will zu deinem Lob.
Trage mich auf ihren Schwingungen

in eine erlöste Lebenszeit.

Ps 133,3 | *Denn dorthin entbietet Segen der Herr und
Leben in Ewigkeit.*

Freiheit und Vorsehung

Gott der Zuwendung.
Es beginnt nun dieser Tag.
Tausend Möglichkeiten tun sich uns auf.
Und wir fühlen uns frei in der Wahl,
wie wir uns orientieren,
was wir verwirklichen.

Da ist wohl auch deine Vorsehung.
Das, was du mit uns vorhast und mit dieser Welt.
Und du hast deine Wege,
deinen heiligen Willen durchzusetzen.

Wie beides zusammenkommt,
dazu hat dein Geist schon sehr kreative Weisen
der Zusammenarbeit entwickelt.
Manches ist schon eingespielt.
Manchmal aber knirscht es im Getriebe
unserer Zusammenarbeit.
Mach die Liebe stark,
auf dass unsere Freiheit

mit deinem heiligen Willen zusammenfindet.

JES 34,16 | *Sein Geist hat sie versammelt.*

GOCKELHAHN

Gott des Tages.
Seit Jahrtausenden ist der Hahnenschrei
das klassische Wecksignal.
In manchen Welten ist er heute kaum noch zu hören.

Und etwas Stolzes hat der Gockel,
der den Tag vermeldet, auch an sich.
Es soll mich anstecken mit Freude über den kommenden Tag.

Mein Gott, soll ich mich heute Morgen zerknirschen
wie der Petrus, den der Hahn an seine Verleugnung
erinnerte?
Bitte, verdenke es mir nicht,
wenn ich diese grundsätzliche Gewissenserforschung
auf ruhigere Tageszeiten verschiebe.

Heute aber hat mich der Hahnenschrei so angetippt,
dass ich munter in den Tag starte

und wach sein möchte für die Liebe.

Ps 3,4 | *Du aber, Herr, bist mein Schild, du bist mein
Ruhm, du erhebst mein Haupt.*

TAGESGERÄUSCH

Gott des Lebens.
Die scheinbare Stille der Nacht
ist längst zugedeckt mit vielen Geräuschen,
bevor ich aufgewacht bin.
Ja, das aufgeweckte Tagesleben
kann sich nur draufpacken
auf diesen akustischen Filz und Smog,
der in den frühen Morgenstunden angewachsen ist.
Vor allem das Grundrauschen des Verkehrs berieselt die
Ohren.
Dazu die Laute des Lebendigen von nah und fern.

Und auch das Hören und Sagen zwischen uns, o Herr,
geschieht nicht gefasst von reiner Stille.
Das ist nun das Tagesmilieu,
in dem ich mich bewegen werde.

So lass denn mitten in alledem
den anderen Klang durchklingen,
der nicht von dieser Welt ist.
Und hindurchfindet
durch die zugesetzten Windungen meines Lauschens

hin zu meiner Seele.

Ps 33,15 | *Er, der allen gebildet das Herz, er weiß um all
ihre Werke.*

EHRE GOTTES

Gott des Himmels und der Erde.
Aus der Weitergabe der Früheren
klingt mir das Wort von deiner Ehre nach.
Immer wieder sahen sie darin ihr Hauptlebensmotiv:
alles zur Ehre Gottes.

Gewiss, ihre Motivation war manchmal getrübt
von vielen weltlichen Mächten,
die Wasser von deiner Ehre abzwackten
und auf ihre Selbstherrlichkeiten leiteten.

Heute, da wir diese entzaubert haben,
dürfen wir damit auch den Sinn frei haben
für deine echte Ehre und Herrlichkeit,
das Gegenmilieu zu unseren Verzweckungen
und Wichtigtuereien.
Ja, wie frische Atemluft zieht
deine herrliche Ehre durch mein Wesen.
Gibt ihm eine Ahnung von ihr,
die mein Bestes ausrichtet:

deiner Ehre.

RÖM 4,20 | *Er erwies sich stark im Glauben, indem er Gott die Ehre gab.*

MIT LEIB UND SEELE

Gott meines Lebens.
Aufgewacht bin ich.
Und damit finden Leib und Seele
neu zusammen zur Tagesexistenz.
Wahrhaftig, ein dynamisches Miteinander
entwickelt sich.
Mehr oder weniger gekonnt.

Es kribbelt in den Fingern,
die Beinmuskeln wollen scharren,
da ich Mut fasse und mich auf die heutigen Begegnungen freue.

So habe ich das Gefühl,
dass sie sich heute Morgen herzlich begrüßen –
mein Leib und meine Seele –

und dass du mit in diesem Gruß bist.

1 THESS 5,23 | *Er aber, der Gott des Friedens, heilige euch
ganz und gar.*

SCHLECHTES WETTER

Gott des Himmels und der Erde,
diese dunkle, feuchte Kälte,
mit der dieser Tag beginnt,
passt mir nicht.

Ich weiß, dass es kindisch ist.
wenn ich mir die aufs Gemüt schlagen lasse,
aber so hat es mich halt mal wieder erwischt.

Doch mein Herz wagt den weiten, weiten Wurf
aus dieser verzärtelten Blindheit
in deinen grundlosen Grund hinein.

Kommt er zurück,
als Anstiftung,

das Wärmende und Erhellende zu suchen?

APG 28,2F. | *Weil es zu regnen begann und kalt wurde,*
zündeten sie ein Feuer an und holten uns alle zu sich.
Paulus raffte ein Bündel Reisig zusammen und warf es
in das Feuer.

ÜBERDRUSS

Gott meiner Tage und Jahre.
Wie gut war die Nacht,
mit der du mich ummantelt hattest.
Eine zusätzliche Haut,
die mir das penetrante Ankleben der Tagesreste
vom Leib und von der Seele hielt.

Hatte sich da nicht gestern
ein Überdruss angesiedelt
und ein Jammern auf hohem Niveau breitgemacht?
Eingetrocknete Reste davon kratzen mich noch.

Ich recke und strecke mich
aus deiner erneuernden Morgengnade heraus.
Das alles mag dann abplatzen wie Platanenrinde.
Und der Tau der Frühe
sagt meiner Seele, dass sie sich gehäutet hat

in neues, liebendes Empfinden.

JES 38,16 | *Doch du hast mich geheilt und neu belebt.*

NICHT PERFEKT

Gott meines Lebens.
Gleich am Morgen tut sich
eine Fülle von Möglichkeiten auf:
Trödeln im Bad, beseeltes Beten,
ein schönes Morgengespräch,
intensive Gymnastik, ungestörtes Zeitunglesen
und und und ...

Du kennst die Alternativen.
Entweder ich nehme von allem ein bisschen,
oder ich mache eins richtig und den Rest flüchtig.

Wie ich es auch mache, gib bitte deinen Segen dazu.

Ps 119,147 | *Ich komme am frühen Morgen und flehe um
Hilfe.*

Unberührt

Gott meines Morgens.
Wie nasser Ufersand,
wie ein unberührtes Schneefeld
oder eine glatte Wachstafel
kommt mir dieser Tag vor
in seinem Beginn.
Und ich halte inne
mit einer gewissen, heiligen Scheu.

Das Frische, Unberührte, Neue dieser Lebenszeit;
ich traue mich kaum, sie zu betreten.
Warum nicht noch ein wenig Staunen
in diesem Bild und Gefühl.
Als lauschte ich am Puls
deiner Schöpfung.

Nun aber nicht erstarren, sondern rein in den Tag!

Weish 13,3 | *Der Urheber der Schönheit hat sie geschaffen.*

MEDITATION

Gott meiner Seele.
Wie der Frühtau
die Pflanze rundum tränkt,
so schenkst du mir manchmal
eine Morgenerfahrung,
die ganz und saftig umspült ist
von deiner Nähe,
die mein Innerstes belebt.
Ich ruhe darin.
hier beginnt das Lebendige von heute.

Von hier aus in diesen Tag hinein
atmen,
wachsen,
gehen,
schaffen,
lieben.

Herrlich, es findet die Spur.

SPR 20,12 | *Das Ohr zum Hören, das Auge zum Sehen,*
beide hat der Herr gemacht.

GNADE

Gott sei Dank.
Das Zugreifende und Besitzende,
das mein Sinn sich gestern angeschafft hatte,
es ist entkrampft vom Segen der Träume.

Und ich darf in meinen leeren Händen sein.
Blase noch einmal aus ihnen
die ganzen Anspruchsreste raus.
Die Zärtlichkeit dieser Leere,
dir entgegen.
Sie fühlt einen Vordank
und ganz, ganz große Behutsamkeit

für das, was kommt.

2 Tim 1,2 | *Gnade … von Gott, dem Vater, und Christus Jesus, unserm Herrn.*

Los

Mein Gott,
dieses Losbudengefühl aus Kindertagen
kribbelt mir heute in den Morgenfingern,
als griffe ich wieder in den Eimer auf dem Rummel-
platz.

Ja, ich will ein Glückslos, einen Hauptgewinn.
Und spüre gleichzeitig dein mildes,
aber bestimmtes Lächeln darüber.

Mein Los
hast du mir längst zugeworfen.
Und meine Finger tasten immer wieder
über seine Blindenschrift.

So auch heute Morgen,
ahnend, dass neue Heilszeichen
zu erfühlen sind.

Gib mir ein gutes Gespür.

Ps 16,6 | *Mir fiel das Los auf liebliches Land.*

HEKTIK?

Gott unsrer Wege.
Meinen morgendlichen Zeitstress
habe ich einigermaßen in den Griff bekommen.
Langsam getaktet gehe ich den Tag an
und lasse diese Bedächtigkeit einwachsen
in die kommenden Abläufe.

Aber wie ich den Laden kenne,
wird es heute wieder kräftig rundgehen.
Das mag ja auch mal ein Stündchen so passen.
Aber dann will ich doch den langsameren Gang
wieder zurückgewinnen.

So bitte ich dich:
Schenke mir großes Vertrauen,
der Tageslinie Schritt für Schritt zu folgen.
Hol mich herunter aus Verstiegenheiten,
und lass mich Menschen begegnen,

die sich gegen die Hektik verbünden.

HEBR 4,11 | *So lasst uns also eifrig bemüht sein, in jene Ruhe einzugehen.*

WOHLGEFALLEN

Barmherziger Gott.
Der ungetrübte
Blick auf den neuen Tag tut mir gut.
Erhalte ihn mir, und frische ihn tagsüber auf.
Besonders in den Begegnungen
mit den Menschen dieses Tages.

Ich habe da so meine Erfahrung,
die mich daran erinnert,
wie schnell sich Vorurteile
vor solche Begegnungen schieben.
Dann genügt ein Merkmal, ein Gefühl,
und das Zutrauen in den Menschen ist weg,
weil ich ihn einfach unterschätze.

Dein Geist helfe mir,
groß von den Menschen zu denken.
Auf dass ich es leiden kann,
dass du die Sonne aufgehen lässt
über Bösen und Guten.
Und der Blick deines Wohlgefallens,
der auf mir ruht, soll mich anstiften,

auf die Menschen gönnend, zutrauend und liebend
zu schauen.

Hebr 13,21 | *Er wirke in uns, was ihm gefällt.*

LUFT

Göttliche Hauchung.
In meinem Atem durchfließt du mich.
Ich spüre es besonders im Tagesbeginn.
Darf ein paar tiefe Atemzüge tun
und besonnen ausatmen.

Da wird es dann von selbst
in mir weiter atmen.
Irgendwie bringe ich das dann ein
in das Lob des Herrn,

mit allem, was Odem hat.

Ps 143,10 | *Dein Geist ist voll Güte, er führe mich auf
ebener Bahn.*

Verborgen

Gott des Segens.
Wie ein Pilzsammler oder Edelsteinsucher
gehe ich in diesen Tag.
Mit hochroten Ohren,
in der Erwartung, etwas Schönes zu finden.

Bewahre mir durch alle Zweckorientierung hindurch
diesen Sucherblick.
Auf dass ich die Perlen finde,
die du in mein Alltagsgeschehen

verstreut und versteckt hast.

Mt 6,4 | *Dein Vater, der ins Verborgene sieht.*

KÜHLE

Gott des Lebens.
Zwischen den extremen Temperaturen
der restlichen Welt
können wir uns auf der Erde meistens
in einem verträglichen Bereich einrichten,
der sich aushalten lässt.
Im Sommer tut mir die Morgenkühle
ausgesprochen gut.
Mit allen, die die Last und Hitze des Tages
tragen müssen,
danke ich dir und bitte ich dich:
Erquicke und erfrische uns mit diesem neuen Tag,

und lass ihn gelingen unter deinem Segen.

Ps 46,6 | *Schon in der Morgenfrühe wird Gott sie
beschützen.*

Aus dem Nest geworfen

Gott deiner Kreatur,
nicht gleich mit dem ersten Augenaufschlag
finde ich hinein in den Rhythmus dieses neuen Tages.
Manchmal fühle ich mich dabei eher wie im freien Fall.
Und ich erinnere mich an den Adler,
der seine Küken
aus dem Nest an der hohen Steilwand wirft,
sobald sie flügge geworden sind.
Am Anfang fliegt er zur Sicherheit noch mal drunter
und bietet ihnen seine mächtigen Fittiche als Trage.
Ja, dieser Morgenmoment, wo ich spüre:
Das Getragensein ist meins!

Danke.

Dtn 32,11 | *Einem Adler gleich ... breitet er aus seine*
Schwingen, nimmt es auf, auf seinen Fittichen trägt er es.

ZEITABGLEICH

Ewiger Gott.
Aus dem Nachtrhythmus meiner gefühlten Zeit
bin ich aufgewacht.
Und ich finde mich allmählich ein
in die gemeinsame Zeiterfahrung,
für die wir Uhren haben.
Dieser Abgleich ist ja auch wichtig
für ein gutes Miteinander.
Aber so ganz will ich nicht
im Gleichschritt der Zeit aufgehen.
Und in diesem Morgenstart vertraue ich darauf,
mein inneres Zeitmaß nicht zu verlieren.
Erhelle es auch heute

aus dem Nu deiner Ewigkeit.

Ps 31,16 | *Meine Lose ruhen in deiner Hand.*

DUSCHGEDANKEN

Lebenspendender Gott,
die Fülle des sprudelnden Wassers
überläuft mich und dringt in mich ein.
Und ich genieße es mit allen Poren der Haut
und der Seele.
Glück, Erfrischung, herrliche Begegnung mit diesem
Element, in dem wir aufleben – fast wie ein Fisch.

Aber irgendwie werden wir diesem Mutterelement
immer untreuer.
Die feinen Adern und reichen Grüngründe dieser Erde
zerreißen, verkarsten und vergiften wir.
Und Millionen der Kinder des Wassers
kennen nur Trockenheit und Schmutzwasser.

So ganz kann ich mir beim Duschen
die verlorengegangene Wasservertrautheit
nicht vom Leib halten.
Dein Geleit Israels durch die Durstwüste haben wir
wohl nicht richtig verstanden,
da wir einander die ersprießlichen Gärten an den
Strömen abjagen,
ja, das Wasser selbst auf diesem Globus.
Lass die Weggemeinschaft der Wasserfreunde
auf Zukunft hin

gangbar wachsen.

NUM 20,11 | *Da kam Wasser in Menge heraus.*

LACHEN

Gott des Lebens,
meine Erfahrung sagt mir heute:
„Geh den Tag nicht so verhalten an.
Lass es raus, dieses Lachen,
wie es das Tagesumfeld in dir begrüßt."
Na ja, da fange ich mal mit mir selber an:
Auslachen ist auch ein Weckmittel.

Und siehe, drumherum zeigt die Welt
ihre verschiedenen Gesichter.
Auch die lache ich mal gerne an,
und gegenüber manchem Großtun
dieser Welt
ist einfach mal Auslachen angesagt.
Ich bin sicher, dass du diesen Zusammenhang
gut verstehst.
Dein herzliches Lachen
über all das und trotz alledem
… ein Startton in den Tag,

der mir frommt.

Ps 2,4 | *Er lacht.*

ÜBERRASCHUNGEN

Du Gott,
dem ich das, was sinnvoll ist
in meinem Leben, besonders anspreche.
Ja, ich habe einen Plan für diesen Tag.
Und hoffe, dass er einigermaßen aufgeht.
Dabei möchte ich flexibel sein
für die spontanen Reaktionen,
die du heute aus mir herauslocken willst.

Ja, in denen Christus mir heute verborgen begegnet.
Vielleicht wird sich da an den Uhrzeiten manches
verschieben
und an den Prioritäten auch.
Aber es soll mich nicht grämen,
wie ich das alles auf die Reihe kriegen werde.
Ich werfe es auf dich
und bitte dich:

Begleite meine Neugier auf deine Überraschungen
dieses Tages.

KOL 3,3 | *Euer Leben ist mit Christus in Gott verborgen.*

WER MIT WEM

Gott, der uns zusammenhält.
Ich habe einen besonderen Blick auf das Netzwerk,
das mich virtuell mit vielen zusammenhält.
Da haben sich für mich
ganz besondere Lebensverknüpfungen ergeben.
Ob sich darin auch etwas verdichtet
von dem heilsamen Zusammenleben,
auf das hin du deine Menschheit in Christus erlöst hast?
Ich möchte es wohl hoffen.
Und baue auf deinen guten Geist,
der mir hilft, durch all die seichten Gewässer
des Geschwätzes
hindurchzufinden zum vertieften Umgang
verbindlicher Liebe

und ersprießlichen Vertrauens.

Mt 8,11 | *Viele werden von Osten und Westen kommen.*

TAGFARBEN

Du, Gott des Lebens.
Nach dem Nachtgrau betrete ich nun in diesem Tag
den neuen Lebensraum, den du schenkst.
Meine Augen merken es besonders:
Farben leuchten wieder,
und eine große Weite tut sich meinem Wesen auf.

Ja, ich möchte sie echt sinnlich wahrnehmen,
die Lebensfarben.
Denn sie geben den Lebensräumen
eine herrlich bunte Atmosphäre.
Ich wüsste so gerne, wie in deinem göttlichen Licht
die Farben angesprochen werden.
Muss nicht mancher Mensch
auf dem Weg in die Reifung
vor deinem Angesicht
die Farblichkeit der Welt hinter sich lassen?

Hier aber die Farbenpracht dieses Tages wahrnehmen –
ein Aufleben an Leib und Seele geschieht uns darin.

Ich danke dir.

OFFB 4,3 | *Rings um den Thron war ein Regenbogen.*

BEGEGNUNGEN DES TAGES

O Herr,
ich bin gespannt auf die Begegnungen dieses Tages.
Ich sage dir die Namen von einigen Gesichtern,
die ich wohl sehen werde.
… … …
… … …

Du weißt um die Vorfreude oder die Beklemmung,
mit der ich in diese Kontakte hineingehe.
Heute Morgen möchte ich alles verankert wissen
in dem Segen deines Schöpferblicks

und in der Anmutung deines Erlöserblicks.

Jes 49,1 | *Vom Mutterschoß an nannte er meinen Namen.*

GRÜSSE

Gott des Willkommens,
in diesem Morgen ist viel heilsame Erneuerung.
Die bringt meinen Morgengrüßen
einen neuen, reinen Ton und ein helles Strahlen.
Wie frisch gewaschen teile ich sie aus.

Ja, seit dem ersten Vogelton in der Frühe
sind Tausende aufmunternder Grüße
hin und her und unterwegs.
Ein wunderbares Konzert

in deiner erfreuten Schöpfung.

MT 5, 47 | *Wenn ihr nur eure Brüder grüßt, was tut ihr da
Besonderes?*

ARBEIT

Gott unserer Lebenswelten.
Ich gehe an die Arbeit.
Leihe mir dabei einen starken Spruch
bei den Zupackern aus den Muskelberufen.

Ich lerne sie von verschiedenen Seiten kennen,
diese Arbeit.
Manchmal tue ich damit genau das,
wozu ich spüre, auf Erden zu sein.
Manchmal ist es eine elende Schinderei,
die mich mir selbst entfremdet.

Ich bitte dich um frohen Mut zum Anpacken,
Geduld zum Durchhalten,
heilsame Pausen,
gute Arbeitskameradschaften

und eine gesegnete Müdigkeit heute Abend.

GEN 3,17 | *Unter Mühsal sollst du dich von ihm ernähren
alle Tage deines Lebens.*

Kleine und grosse Welt

Gott dieser Welt.
Auch mit diesem Morgen
baut sich für mich die Welt neu auf.
Natürlich kenne ich sie schon,
aber meine Seele spürt auch,
dass ich Neuland betrete.

Und ich baue meine neue Morgenwelt aus.
Teile sie mit den Anfangswelten der vielen Geweckten.
So werde ich Zeuge,
wie heute wieder ein neues Gefüge gebaut wird,
eine große Welt an neuen Chancen.
Dem Leben zum Aufblühen

und dir zum Dank.

Klgl 3,23 | *Neu erwacht es jeden Morgen.*

WICHTIGKEITEN

Gott meiner Tage und Wege.
So ganz ohne Weltlichkeiten
komme ich nicht rein
in den Tag, den ich mit dir starte.

Schön, wenn ich alles zusammen greifen kann,
die Uhr, die Geldbörse, das Handy, den Kalender,
die Schlüssel und die Tabletten.

Schenke mir dazu die Herzensgnade,
dass ich mich selbst nicht zu wichtig nehme
und weniger wichtigtue.
Mit solcher Gelassenheit

mag der Tag beginnen.

Ps 119,37 | *Meine Augen wende ab, dass sie Eitles nicht
schauen; auf deinem Weg verleihe mir Leben.*

FRÜHSTÜCK

Gott des Lebens.
Immer wieder wird sie herumgeschubst,
die Frühstückszeit,
und eingezwängt in das, was ich mal schönredend
„dynamischen Tagesanfang" nenne.

Ob großzügig mit den Lieben
oder hastig auf dem Sprung –
schon dieses erste Innehalten
hat etwas von einer Auszeit.
Ja, von der gesegneten Pause und Unterbrechung,
die du den Deinen in die Tageszeiten einstreust.

So lass mich denn mitten in dem Geschmack und Duft
des Morgenessens tief durchatmen

und die Segenserwartung nähren.

Ps 104,15 | *Dass erstarke des Menschen Herz durch das
Brot.*

EINSTIMMUNG

Gott des Universums.
In der Morgenfrühe strecke ich mich aus nach dir
und nach den guten Mächten,
in denen du uns birgst.

Die Schwingung der Liebe,
die aus deiner Herzmitte kommt,
darf ich mit Leib und Seele aufnehmen.
Sie stimmt mich ein auf den Tag
und macht mich dem Grundrhythmus vertraut,
mit dem die Liebe in mein Leben pulsiert.
So gestimmt,

mache ich mich auf den Weg.

Ps 18,31 | *Gottes Weg ist gerade, das Wort des Herrn im
Feuer bewährt, ein Schild ist er allen, die flüchten zu ihm.*

Von selbst

Gott der Liebe.
Der Tagesbeginn will gekonnt gemacht sein.
Vieles muss koordiniert werden.
Ich bin ja froh, wenn ich es einigermaßen
auf die Reihe kriege.

Da bin ich dir sehr dankbar,
dass Wichtiges von selbst geht.
Mein Atmen geht unwillkürlich weiter,
ich brauche mir keine Sorgen darum zu machen.
Und ich darf aus der ganzen Natur
einen breiten Strom dessen aufnehmen,
was auch ohne alle Entschlüsse
und Einsätze funktioniert.

Mit diesen guten Mächten will ich mich
heute Morgen wieder verbünden.
Geleite mich in ein gesegnetes Zusammenwirken mit
ihnen,

dann sprießt dein mannigfacher Segen auf.

Mk 4,28 | *Von selbst bringt die Erde Frucht.*

WEBMUSTER

Vater im Himmel,
der Tag, den ich begonnen habe
wird von vielen Kräften beeinflusst.
Ja, ein eigenes Muster scheinst du
auch für den heutigen
Lebenszusammenhang zu weben.

Gib mir die Liebe,
die in alledem das verstärkt,
was dein Wohlgefallen unter uns wirkt.
Die tausendfältigen Strukturen,
in denen Liebendes zusammenfindet,
bauen große Freude in mir auf,

dass ich Teil deines Tagwerkes sein darf.

EPH 3,18F. | *Damit ihr fähig seid, mit allen Heiligen die Breite und Länge, die Höhe und Tiefe zu ermessen und die Liebe Christi zu erkennen.*

WACHSTÄFELCHEN

Gott meiner Tage.
Das Leben hatte sich gestern eingeprägt in mein Wesen.
Aber wie bei manchen Wachstäfelchen,
hast du in der Nacht alles gelöscht.
Und das Heute liegt wie ein frisches, unbeschriebenes
Blatt vor mir.

Und wieder sinne ich noch halb aus dem Traum heraus
auf die Herzenshandschrift,
in der Gültiges eingetragen werden soll.
Ich ahne, dass deine Kraft und Achtsamkeit
mit am Werk sind.

Das genügt.

Lk 1,63 | *Er verlangte ein Täfelchen und schrieb.*

ALLES HAT SEINE ZEIT

Gott der Zeiten.
Alles hat seine Zeit,
und jegliches Ding unter dem Himmel hat seine Stunde.
Heute Morgen ahne ich ein bisschen
von dem Charakter dieser heutigen Zeit.
Und das Herz rüstet sich für das,
was heute dran ist
und das realisiert, was du uns zutraust.

Aber im Laufe des Tages wirst du mir
noch deutlicher weisen,
was das heute für eine Zeit ist.
So bin ich denn bereit,
die Farbe zu verstärken,

in der dein heiliger Wille heute leuchtet.

Koh 3,1 | *Alles hat seine Stunde und für jedes Vorhaben unter dem Himmel gibt es eine Zeit.*

SAUERTEIG

Gott der Deinen.
So langsam weitet sich heute Morgen mein Sinn
für die Lebenskreise der Vielen,
deren Lebensquell ich in dir teile.
Ob gleich hier nebenan
oder Tausende von Kilometern weiter,
hast du mir auch Tagesgenossen geweckt.

Da du uns als Sauerteig verstreust in diese Welt,
verknüpfst du uns in den herrlichen Zusammenhang,
worin deine Liebe am Werk ist.

Und wenn meine Seele eng wird,
dann mach ihr die Fenster auf
zu all diesen Brüdern und Schwestern hin,

die angesprochen sind von deiner Erlösung.

MT 13,33 | *Das Himmelreich gleicht einem Sauerteig, den
eine Frau nahm und unter drei Sea Mehl mischte.*

Den Tag vor dem Abend loben

Gott der Hoffnung,
dieser altkluge Spruch war mir schon immer zuwider,
der mir ansagt, den Tag nicht vor dem Abend zu loben.
Denn, was wäre das für ein verpenntes
und abgestandenes Lob,
das nachher nur das besingt, was rum und vorbei ist!
Nein, ich möchte meinen Sinn
nicht rückwärts wenden lassen.

Ja, diesen blutjungen, unvollendeten, offenen Tag,
den will ich jetzt am Morgen schon
von ganzem, frischem Herzen loben.

Denn vorausschauend
hast du meine Hoffnungsaugen erleuchtet,
auf das Kommende hin
meine Seele vorauseilend gestimmt.

Und mit diesem Lob auf den Lippen
gehe ich in den Tag.

Sir 18,26 | *Vom Morgen bis zum Abend verrinnt die Zeit.*

GESCHICHTE SCHREIBEN?

Jesus, Herr aller Zeiten.
Dieser kommende Tag ist schon ziemlich markiert.
Ein Blick in den Kalender führt mir deutlich vor Augen,
wo das Leben heute etwas bringen soll.

Aber das Geplante ist nicht alles.
Zwischen den Zeilen und den vororganisierten Treffs
wächst uns auch heute eine Erlebniswelt zu,
deren Ereignisse wichtiger sein können
als all das Offizielle.
Hast du nicht selbst
deine wichtigsten Begegnungen und Taten
abseits der geschichtsträchtigen Events realisiert?

Von dir angestiftet, freue ich mich auf das Ungeplante
am Rande meines vorgespurten Tages.
Ja, ich bin der Liebesereignisse gewärtig,
die keiner schon jetzt auf dem Schirm hat,

die du aber anzettelst zu deiner Zeit.

MT 6,28 | *Betrachtet die Lilien des Feldes.*

VORWÄRTS

Gott, du Ursprung des Lebens.
Wie auf einem langen Gehband
bewege ich mich in den Tag hinein.
Eingangs getragen und weitergebracht
von einer Kraft unter meinen Füßen,
die ich dir verdanke.

Wenn ich nun bald an die Stelle komme,
wo ich selber weitergehen muss,
dann danke ich dir
für diesen Anschub in den Tag hinein.
Vielleicht springe ich dann heute in den Tag hinein.
Du aber weißt längst um die Tagesstrecken,
auf denen meine Seele Unterstützung brauchen wird.

Mein Mut und meine Aufgeschlossenheit,
meine Freude und meine Liebesbereitschaft –
so vieles in mir, Herr, darf spüren,
dass du mit trägst und bewegst.

Ich danke dir im Voraus dafür.

PHIL 3,12 | *Ich jage ihm nach, um zu ergreifen.*

MARIENKÄFER

Gott der gesegneten Natur.
Morgens fühle ich mich
wie dieser Marienkäfer,
den ich als Kind auf der Hand hatte.
Ihm fehlten noch die Kraft und die Traute.

Dreimal feierlich haben wir ihn angehaucht.
Und aus seiner Starrheit in Bewegung gebracht.

Ja, so geht's bei mir manchmal in den Tag hinein.
Erst ein Krabbeln.
Dann ein Pumpen.
Dann ein Flügelspreizen.
Und ab in die Lüfte.

Mit diesem Gebet
will ich deiner Anhauchung stillhalten,
dein Zutrauen sammeln

und mich erheben in einen beflügelten Tag.

JOH 20,22 | *Als er dies gesagt hatte, hauchte er sie an.*

ENERGIEBILANZ

Gott unserer Lebenskraft.
Unsere Morgenrituale
führen zu einem Spitzenverbrauch von Energie und
Wasser.
Ja, wir Menschen buttern schon etwas hinein,
um in die Hufe zu kommen.

Da setze ich mich denn einfach hin
und halte meine innere Lebensenergie
hinein in den Lichtkreis deiner Liebe.

Mein Atem –
das Morgenerlebnis –
deine fördernde und aufrichtende Zuwendung.

Hier wächst eine andere, tiefere Kraft.

JES 58,11 | *Er wird deine Glieder mit Kraft erfüllen; du
wirst wie ein bewässerter Garten sein, wie eine Quelle,
deren Wasser nie versiegt.*

MORGENRADIO

Gott der Liebe,
du kennst meine Morgenträgheit.
Selten schaffe ich es, von innen heraus
den Lebensrhythmus zu entwickeln,
den dieser Tag braucht.

Da hilft mir dann das Morgenradio.
Ja, ich weiß: Es hat nur sehr platte Botschaften,
wenn überhaupt.
Und die Musik stellt auch kaum Ansprüche.
Aber es hilft mir, locker aufzulaufen.
Und das ist etwas wert.

Manchmal aber schalte ich es aus.
Und lasse in der Stille dein Wort anklingen
in meiner Seele.
Und in meinem Lebensdank

für deine Beseelung meiner Schritte in den Tag.

JOH 8,12 | *Wer mir folgt, wird gewiss nicht in der Finsternis umhergehen.*

Das Eigene dieses Tages

Gott meines Lebens.
Verkehrsnachrichten, Wetterbericht,
Aktionen der Großen dieser Welt,
Börseninformationen und und und –
ist damit das Gesicht dieses Tages dargestellt?
Das kann es doch nicht sein, sagt mir meine Seele.
Dafür sind wir doch nicht auf Erden.

Dabei ahne ich es heute Morgen schon sehr bestimmt –
dass es heute Überraschungen geben wird:
einen speziellen Impuls und eine interessante Erfahrung,
eine Entdeckung und manche unlösbaren Fragen.

Ich freue mich auf das Eigene dieses Tages,
das von innen her kommt.
Die Liebe gibt diesem Tag eine besondere Blüte,

und meine Seele darf sie entdecken.

Joh 9,4 | *Ich muss die Werke dessen vollbringen, der mich gesandt hat, solange es Tag ist.*

RASIEREN

Gott des Morgens.
Manchmal schaue ich bei der Gesichtspflege
hinter das Gesicht im Spiegel.
Dem tut es gut,
wenn ihm die Masken abgenommen werden –
auf dass hervortritt, was ich wirklich bin.

Und ich sehe den Pfad, der sich meiner Existenz auftut,
die sich dir verdankt.
Meine Seele hält das dann mal erst so fest
und wickelt die Messer- und Seifenarbeit ab.
Dann aber schaue ich mit erfrischtem Gesicht,
wo ich denn meinen Fuß hinsetze

auf dem Pilgerweg, der mit dir zu tun hat.

Ps 104,30 | *Sie werden geschaffen, und das Angesicht der
Erde machst du neu.*

KONDENSSTREIFEN

Gott der Welten.
Der schöne Morgenhimmel
ist schon arg zerkratzt
von den Kondensstreifen der Flugzeuge.

In aller Herrgottsfrühe haben sie diesen Luftraum
schon nachhaltig erobert.
Sie weiten meinen Sinn
und erinnern mich an die Vielen,
die unterwegs sind.

Ja, aus allen Himmelsrichtungen kommen sie,
und viele verschiedene Ziele haben sie.

Dein Wohlgefallen,
mit dem du dieses Gespinst wahrnimmst,
dringt durch bis zu mir.
Und mit frohem Sinn gehe ich los.

In den Tag hinein – und in deinen Segen.

Hiob 38,12 | *Gebotest du in deinem Leben je dem Morgen, hast du der Morgenröte ihren Platz gewiesen?*

Nichts überstürzen

Wie gut, o Gott,
dass ich mir einen faulen Morgen gemacht habe.
Frühmorgens noch mal rumdrehen
und Schlafen bis in die Puppen.
Katzenwäsche und Rumhängen beim Frühstück.
Nach gewissen Zeitabschnitten
ist das einfach mal so fällig.

Und aus all dem heraus,

sage ich dir einen herzlichen Morgengruß
und mache sonst nicht viele Worte.

Amen.

Jes 52,12 | *Nicht in Eile sollt ihr ausziehen, nicht in Hast entfliehen.*

SOLO-GEBET

Gott aller Menschen.
Hier beginne ich alleine den Tag.
Und bete auch alleine.
Und doch spüre ich die schöne Verbundenheit
mit allem, was aufwacht, aufsteht
und in den Tag hineingeht.
In meiner Morgenphantasie male ich mir aus,
wie sie starten.

Alle empfehle ich dir,
besonders die, die es schwer haben.
Deine Aufrichtung ist bei ihnen.

Und so markiert sie auch mir einen guten Morgen.

Ps 64,10 | *Und alle sind ergriffen von Furcht und preisen das Walten des Herrn.*

Sympathie

Gott der Liebe.
Am weiten Horizont habe ich das Morgenlicht
wachsen gesehen.
Und diese Weite erinnert mich
an die große Offenheit deiner Liebe.
Ja, du hast deine ganze Schöpfung im Blick.
Mit Anmutung, Zutrauen, Akzeptanz und Aufhelfen
verbindest du dich mit den Deinen.
Deine Huld ist an jedem Morgen neu.

Die vielen Lichtpunkte des Sonnenaufgangs
erinnern mich daran.
Und sie bilden das Auge meiner Seele
aus dieser großen, göttlichen Sympathie,
die über deinen Geschöpfen waltet.

Ich danke dir für diese Erleuchtung und bitte dich:
Bewahre mir heute den Blick der Sympathie
für alle, denen ich begegne.
Und wer mir Anlass zum Ärger gibt,

der sei umso herzlicher davon angesprochen.

SPR 3,3 | *Nie dürfen dich Liebe und Treue verlassen; binde
sie an deinen Hals, auf deines Herzens Tafel schreibe sie.*

O Happy Day

Ewiger Gott.
Irgendwie ist er uns auf die Seele geschrieben,
der Tag – dieses Zeitmaß der Abschnitte,
in die du unser Leben einteilst: Das passt gut.
Ja, ersprießliches Ein- und Auftauchen
in Nachtdunkel und Tageshelle,
in Abschluss und Neuanfang.
Und all die Traurigkeit der Zeit
ist wie abgeschüttelt durch die Träume hindurch.
Ja: Dies ist der Tag!

So tastet meine Seele sich in diesen Tag
mit einer eigenartigen Vorahnung:
Türen werden sich auftun zu Tagen,
in denen du mir heilend begegnest.

Und das letzte Portal des Zieltages
wirft seine goldbunten Schatten voraus.
Und heute Morgen ist es mir, als stünde ich
in einer Linie zu diesem seligen Portal hin.
Wie Licht durch ein Schlüsselloch fällt,
bildet es sich schon ab in meinem Herzen.
Mag es auch durch enge Türen gehen –
dieses Licht zieht mich mächtig.
Und macht mir schon heute diesen Tag
zum Tag des Heiles.

Hebr 10,25 | *Ermuntern wir einander, und dies umso
mehr, als ihr den Tag herannahen seht.*

GEMEINSCHAFTLICHE MORGENGEBETE

Zum gemeinschaftlichen Morgengebet taugen diese Gebetsvorschläge. Wo der Text nicht in Sprechzeilen steht, sind die eingerichteten Pausen (/) wichtig. Sie können abschnittweise in zwei Gruppen abwechselnd gebetet werden – oder im Wechsel von Vorbeter und allen.

Morgengebet in der Familie

Jesus, Mitte unseres Morgenbeginns.
Wir scharen uns um dich.
Wir schauen auf dich
und lauschen auf dein Weckwort.

Die ganze Schöpfung
feiert einen gesegneten Morgenanfang.
Im Konzert der Morgenkehlen,
in der Frische der Morgenluft und des Wassers,
in der Durchflutung mit dem neuen Licht.

In diesen Segenskreis stellen wir uns.
Mit unseren Talenten und Vorhaben,
mit unseren Problemen und Sorgen,
mit unserer Vertrautheit,
mit dem Staunen aneinander,
mit den Reibungen, wenn wir uns schwertun.

Aus deiner Mitte empfangen wir
Licht und Verbundenheit.
Mit deiner Hilfe dürfen wir anpacken,
wo die Liebe es uns aufträgt.
Deine Wegspur hält uns verankert
in deinem Sieg über die Zeit hinaus.

Ps 133,1 | *Seht, wie ist es lieblich und gut, wenn Brüder beisammen wohnen in Eintracht.*

MORGENLIED
(nach der Melodie von „Kleines Senfkorn Hoffnung")

Mein Gott, welch ein Morgen
tut sich langsam auf.
Meine Augen blinzeln
mit dem neuen Licht.
Es baut Feuerfarben auf
an dem Erdenrand,
flutet überall herein
und lockt das Lob heraus.

Mein Gott, welch ein Morgen,
Klänge regen sich.
Hundert Vogelstimmen
starten ein Konzert.
Meine Ohren lauschen auf
in den neuen Tag,
orten, wer wem Antwort singet,
und ich klinge mit.

Mein Gott, welch ein Morgen,
neu und frisch und jung
regt sich unser Leben,
und wir blühen auf.
So wie du das Leben meinst,
ist es wachgeküsst,
sprießt in neue Liebesranken
und entdeckt sich neu.

Mein Gott, welch ein Morgen
macht uns auf den Tag.
Sieh uns aufgerichtet,
die Herzen sind bereit
für die Spuren deines Heils
in dem Tageslos.
Hand in Hand mit deiner Gnade
packen wir mit an.

Mein Gott, welch ein Morgen,
in ihm scheint uns vor
der Tag der Vollendung,
wenn die Liebe siegt.
Wir verschwör'n uns zu ihm hin,
kommen auf den Weg,
treffen uns zu festen Schritten,
denn du gehst ja mit.

LK 24,15 | *Während sie miteinander sprachen und überlegten, kam Jesus hinzu und ging mit ihnen.*

Morgengebet im Kindergarten

In der Kinder Morgenrunde
feiern wir die frühe Stunde.
Horchen auf die wunderschöne
Tagmusik der Vogeltöne.

Gottes Liebe hat uns geweckt,
und wir spüren, was in uns steckt.
In den Tag hineinzuspringen,
ihm ein frohes Lied zu singen.

Dich, Gott, bejubeln und preisen wir
mit den Stimmen aller Freunde hier.
Der Schlaf ist schon ganz weggetan,
von dir gesegnet fangen wir an.

MT 21,16 | *Aus dem Mund der Unmündigen und
Säuglinge hast du dir Lob bereitet.*

Morgengebet bei einer Wallfahrt

Gott unseres Heiles. / Hier sind wir wieder. / Haben die Erquickung der Nacht erfahren, / den Weg hierher noch in den Knochen und in der Seele. / Sogar die Füße stellen sich neu auf. /
Wir lauschen deinem Zuspruch in diesen neuen Tag hinein. / Er ruft uns beim Namen, / dem lang vertrauten. / Oder gar bei einem neuen Namen? /

Einen Ton hören wir heute Morgen besonders heraus. / Es ist der Weckruf. / Jedem hast du auf deine Weise schon die Augen aufgetan. / In dem Morgenklang, / in dem du uns beim Namen rufst. /

Eine lebenserschließende Aufrichtung klingt darin. / Dein großes Zutrauen, / mit dem du uns diesen neuen Tag schenkst. / Deine innere Geistkraft regt sich in unseren Seelen. / Lockt uns in den Aufbruch. /

Wohlan denn: Starten wir.

Ps 122,1 | *Voll Freude war ich, da sie mir sagten:*
Wir ziehen zum Hause des Herrn.

MORGENGEBET
BEI EINER FRÜHSCHICHT

Gott des Lebens.
Der Morgen hat seine eigene Gnade.
Und jeder startet mit seinem eigenen Rhythmus
den Weg in den Tag hinein.
So haben wir uns zusammengefunden,
um dir die Ehre zu geben.

Du Ursprung unseres Gedeihens.
Aus dem gesegneten Nachtschweigen heraus
treten wir mit aller Kreatur
in den Lichtkreis deiner Zuwendung.
Auch dieser Tagesbeginn erinnert uns
an die Verwurzelung in deiner Schöpferliebe.
Du rufst uns beim Namen.
In diesem Ruf pflanzt du
einen neuen Spross des Segens
in unsere Lebenszeit ein.
Schon heute Morgen
lauschen unsere Seelen diesem Ruf.

Wir möchten dir aus ganzem Herzen
Antwort geben mit unserem Leben.
Der Fortklang dieses Rufes
möge in allen Impulsen der Liebe in uns nachhallen.
Dein Geist schenke uns Tatkraft,
die die Gunst der Stunde nicht fruchtlos verstreichen
lässt.

Unser Morgengedenken gilt vor allem denen,
die du heute besonders prüfen willst.
Die durch Feuertaufen
und Widrigkeiten hindurch müssen.
Den Mühseligen und Beladenen,
die du erquicken willst.
Den Verlorenen, die du finden willst.

So möchten wir unsere herzliche Solidarität eintragen
in deine besondere Selbstmitteilung
an diesen Tag und die Zeitgenossen in ihm.
Wir singen dein Lob im Zusammenklang
mit allem, was Atem hat.
In diesen Tag hinein.
Und über diesen Tag hinaus. Amen.

Jes 50,4 | *Er weckt an jedem Morgen mein Ohr.*

Morgengebet bei einer Statio vor der Erstkommunion mit Kommunionkindern, Eltern und Paten

In der Morgenfrühe preisen wir dich,
allmächtiger Gott und Vater.
Jeder neue Tag
ist ein Geschenk deiner Güte an uns.
So auch dieser Feiertag,
den wir heute Morgen begonnen haben.
Die Kreatur erwacht, die Vögel singen,
und die Pflanzen recken sich dem Licht entgegen:
Alle Schöpfung stimmt uns ein in dein Lob.

Wie gut, diesen Erstkommuniontag,
der uns so viel bedeutet, mit dir beginnen zu können.
Wie gut, unsere Freude und Vorfreude zu teilen.
Mit allem, was atmet,
mit allen Gästen
in unserer Familie,
mit unserem Kommunionkind.

Du kennst die Aufregungen,
du weißt um den unvermeidlichen Stress.
So bitten wir dich denn: Wecke in all dem
unsere Seele auf,
und öffne die Augen unseres Herzens
und das Gehör der Seele. Damit wir dir echt in der
Mitte dieses Festtags begegnen.

Begegne du
mit deiner ganzen Güte von Gott
unserem Kommunionkind.

Nimm uns den Druck und die Angst, dass auch ja
nichts schiefgeht.
Du bist in unserer Mitte.
Das genügt.
So lass auch uns Eltern und Patern
in der Begegnung mit dir
all das gesegnet wissen,
was uns lieb und teuer ist.
Lass uns diesen Tag von innen her gelingen
nach dem Maß deiner Gnade.
Darum bitten wir durch Christus, unsern Herrn.

Lk 6,23 | *Freut euch an jenem Tag und jubelt.*

MORGENGEBET IN EINEM KIRCHORT OHNE SONNTAGSEUCHARISTIE

Vater des Lebens.
Wir haben uns getroffen,
weil wir den Aufbruch in den Tag
gemeinsam feiern wollen.
Es ist ja dein Tag,
der Tag des Herrn.
Dieser gemeinsame Aufbruch
ist tief eingeschrieben
in das Gedächtnis unseres Ortes.
Generationen haben erfahren,
wie du ihre Lebenszeiten gesegnet hast
im Wochenrhythmus, der vom Tag des Herrn ausgeht.
Wir möchten auch diese Woche und die kommenden
so beginnen,
dass wir in der Morgenfrühe
dein Lob aufnehmen von aller Kreatur.
Und von den Schwestern und Brüdern,
die weltweit gewacht und gebetet haben.

Wir begrüßen dich und einander
mit aufgeweckten Tönen.
Sagen und singen das Lob des Auferstandenen an.
Öffnen die gewaschenen Seelenaugen
für die Spuren seiner Gegenwart.

Wenn er uns hier und heute
in den eucharistischen Zeichen fehlt,
dann mache den Hunger nach ihm stark

in unseren Seelen und in unserer Mitte.
Seine Gegenwart im notleidenden Nächsten
ist uns nicht genommen.
Wenn wir die Armen, Kranken und Behinderten
unserer Gemeinde
kennen und aufsuchen,
dann halten wir lebendigen Kontakt,
der die eucharistische Begegnung vorbereitet
und vertieft.

In diesem Hunger
verschwistern wir uns neu
mit deinen Söhnen und Töchtern hier,
in der Umgebung
und in deiner ganzen Kirche.
Nehmen mit Dankbarkeit
den österlichen Frieden auf
und teilen ihn mit allen Getauften
und den Menschen guten Willens.
Verlass uns nicht,
Herr unser Gott.

Ps 118,24 | *Dies ist der Tag, den uns bereitet der Herr.*

Morgengebet in einem Seelsorgeteam

Gott unserer Wege. / Mit dir möchten wir diesen Tag beginnen. / Du verknüpfst die Weggemeinschaften der Deinen. / Ja, du hast uns selbst eingewoben / in das Geflecht der Liebe.

Dieser Morgen sei ein weiterer, gesegneter Anfang. / Du bist in Jesus Christus / Anfang, Mitte und Ziel unserer Gemeinsamkeit. / Uns hast du beschenkt mit dem Auftrag, / deine Heilsanfänge aufzuspüren. / Die Knospen des Christusgeistes / zu entwickeln und zu begleiten.

Darin ist Christus / unser Wegsinn und unsere Herzenserleuchtung. / In seiner Hirtenseele verwurzeln wir das, / was wir anfangen und fortführen. / Vernetze unsere verschiedenen Talente und Charismen heilsam miteinander. / Und die Fäden zu den Mühseligen und Beladenen hin / seien uns besonders kostbar.

So möchten wir in diesem beginnenden Tag / die Festeinladung entdecken, / die du für uns darin versteckt hast. / Und miteinander kleine, verschworene Vorzeichen dieses Festes teilen. / Auf dass dieser Tag / hinführt zum Tag des Herrn. / Uns und die, die du uns anvertraut hast. Amen.

Ps 96,2 | *Von Tag zu Tag verkündet sein Heil.*